"通古察今"系列丛书

西汉贵族的甲第与食邑

王培华 著

河南人民出版社

图书在版编目(CIP)数据

西汉贵族的甲第与食邑 / 王培华著. — 郑州：河南人民出版社, 2019.12(2025.3重印)
("通古察今"系列丛书)
ISBN 978-7-215-12011-2

Ⅰ. ①西… Ⅱ. ①王… Ⅲ. ①贵族-研究-中国-西汉时代 Ⅳ. ①D691.71

中国版本图书馆CIP数据核字(2019)第270871号

河南人民出版社出版发行
(地址:郑州市郑东新区祥盛街27号 邮政编码:450016 电话:0371-65788075)
新华书店经销　环球东方(北京)印务有限公司印刷
开本　787mm×1092mm　　1/32　　印张　8.375
字数　120千
2019年12月第1版　　　　　2025年3月第2次印刷

定价：58.00元

"通古察今"系列丛书编辑委员会

顾　问　刘家和　瞿林东　郑师渠　晁福林
主　任　杨共乐
副主任　李　帆
委　员　（按姓氏拼音排序）
　　　　　安　然　陈　涛　董立河　杜水生　郭家宏
　　　　　侯树栋　黄国辉　姜海军　李　渊　刘林海
　　　　　罗新慧　毛瑞方　宁　欣　庞冠群　吴　琼
　　　　　张　皓　张建华　张　升　张　越　赵　贞
　　　　　郑　林　周文玖

序　言

在北京师范大学的百余年发展历程中,历史学科始终占有重要地位。经过几代人的不懈努力,今天的北京师范大学历史学院业已成为史学研究的重要基地,是国家首批博士学位一级学科授予权单位,拥有国家重点学科、博士后流动站、教育部人文社会科学重点研究基地等一系列学术平台,综合实力居全国高校历史学科前列。目前被列入国家一流大学一流学科建设行列,正在向世界一流学科迈进。在教学方面,历史学院的课程改革、教材编纂、教书育人,都取得了显著的成绩,曾荣获国家教学改革成果一等奖。在科学研究方面,同样取得了令人瞩目的成就,在出版了由白寿彝教授任总主编、被学术界誉为"20世纪中国史学的压轴之作"的多卷本《中国通史》后,一批底蕴深厚、质量高超的学术论著相继问世,如八卷本《中国文化发展史》、二十卷本"中国古代社会和政治研究丛书"、三卷本《清代理学史》、五卷本《历史文化认同与中国统一多民族国家》、二十三卷本《陈垣全集》,

以及《历史视野下的中华民族精神》《中西古代历史、史学与理论比较研究》《上博简〈诗论〉研究》等，这些著作皆声誉卓著，在学界产生较大影响，得到同行普遍好评。

除上述著作外，历史学院的教师们潜心学术，以探索精神攻关，又陆续取得了众多具有原创性的成果，在历史学各分支学科的研究上连创佳绩，始终处在学科前沿。为了集中展示历史学院的这些探索性成果，我们组织编写了这套"通古察今"系列丛书。丛书所收著作多以问题为导向，集中解决古今中外历史上值得关注的重要学术问题，篇幅虽小，然问题意识明显，学术视野尤为开阔。希冀它的出版，在促进北京师范大学历史学科更好发展的同时，为学术界乃至全社会贡献一批真正立得住的学术佳作。

当然，作为探索性的系列丛书，不成熟乃至疏漏之处在所难免，还望学界同人不吝赐教。

北京师范大学历史学院
北京师范大学史学理论与史学史研究中心
北京师范大学"通古察今"系列丛书编辑委员会
2019 年 1 月

目　录

引　言 \ 1

西汉长安的甲第 \ 7

　　一、甲第形制和分布区域概况 \ 10

　　二、甲第居住者的身份 \ 13

　　三、甲第的营造和赐予 \ 48

　　四、甲第的性质和作用 \ 67

汉初奚涓鲁侯国与张偃鲁王国的变迁 \ 76

　　——兼论环境与时局屡变对鲁地风俗的影响

　　一、鲁：项梁、楚怀王和项羽鲁公驻地 \ 78

　　二、奚涓鲁侯国→鲁母侯刘疵 \ 79

　　三、鲁母侯刘疵居长安，还是鲁县？ \ 83

　　四、鲁母侯刘疵墓的考古发现和食邑租入推测 \ 92

五、张偃鲁王国和鲁元公主谥号之由来 \ 96

　　六、张偃鲁王国食邑户数和租入推算 \ 108

　　七、地理环境与时局变动对鲁地风俗的影响 \ 113

汉初鲁元公主食邑考 \ 122
　　——王国维观点补证

　　一、汉初公主食邑汤沐邑，不在汉朝十五郡而在诸侯
　　　　王国内 \ 125

　　二、鲁元公主食邑琅邪等数县城 \ 134

　　三、琅邪郡的交通优势和历史地理基础 \ 155

汉唐长安的粮食供应与关中天地人关系的消长 \ 164

　　一、汉唐京师长安的粮食供应 \ 166

　　二、长安纯消费性人口的增长 \ 170

　　三、关中水利田和劳动人口投入的不足 \ 180

　　四、自然变化的因素 \ 196

附　录 \ 199

　　1. 西汉长安的甲第 \ 199

　　2. 汉唐长安的粮食供应与关中天地人关系的消长 \ 217

目 录

参考资料 \ 243

后　记 \ 256

引 言

衣食住行是人类的最基本需求。《洪范》八政，食、货为首。《管子》说，王者以民为天，民以食为天。仓廪实知礼节，衣食足知荣辱。孟子说，人无水火不生活，五口之家，百亩之田，五亩之宅，树之以桑，五十可以衣帛，七十可以食肉。这当然是孟子的理想，但表达了普通人民的心声。开轩面场圃，把酒话桑麻。田宅桑麻，衣食水火，永远是人类生活所必需，也是诗人歌咏的主题。衣食住行的解决，是一个非常重要的现实问题，关乎人们的精神面貌和基本道德。人类只有满足其基本的物质需要，才能追求尊重和自我实现。二十世纪四十年代，美国社会心理学家亚伯拉罕·马斯洛在《人类激励理论》中提出，人类需求，有五个层次：生理需求、安全需求、爱和归属需求、尊重需求、自我实现需求。这些需求，包括呼吸、食物、水、衣、住等，是人类维持自身生存的最基本要求。如果这些需求得不到满足，人类生存就成了问题。生理需求是推动人们行动的最强大的动力。衣食住行等最基本的需求得到满足后，就不再成为激励因素，而其他的需求成为新的激励因素。人类的基本需求得到满足后，安全感、爱、尊重、归属感等，才能成为新的激励因素。五种社会需求，是人类历史上普遍存在的，古今中外，居庙堂之上的圣贤，处江湖之远的隐士，大概很少有例外的。

历史文献记载，周武王灭商后，给功臣谋士授民、授疆土，就是给功臣谋士分配土地和人民。师尚父为首封，封于营丘，曰齐国，是为姜氏齐国。封弟周公旦于曲阜，曰鲁国。封召公奭于燕。其余以次受封姜氏齐国，后来被田氏取代，史称田氏代齐。田氏齐国，在威王、宣王时代，举办稷下学宫。齐王对淳于髡以下，皆命为列大夫，为开第于康庄之衢，高门大屋，尊宠之。以高门大屋，吸引士大夫。汉高祖大封功臣为王、侯，赐予列侯、公主们国邑食邑、甲第（高级住宅），既是战后分享胜利成果，也是激励贵族大臣的手段。霍去病征匈奴，汉武帝为其兴造甲第，霍去病说："匈奴未灭，何以家为！"后来，汉武帝赐予多位从征将士爵邑，就是给予功臣物质奖赏，并以此激励将士。龙城飞将军李广，为二千石四十余年，家无余财，终生不言家产事。自汉击匈奴以来，未尝不在军中，但一生不得爵邑，他心有不甘。他的追求不在物质，而在精神、荣耀。看来，爵位、甲第和食邑，确实是激励将士之手段。汉皇帝大封功臣为王侯，或外戚、宠臣、佞幸、方士，以恩泽为侯，都赐予甲第。甲第，由财政部门司农司出资，将作大匠指挥营造，竣工后，再分配给贵族。国家既可赐予甲第，也可收回甲第。甲第和食邑，具有政治属性，不能用来交易，与财富关系不大。从需求层次上来讲，功臣，或宗室、外戚，获得甲第和食邑，会得到归属、尊重、自我实现等三个方面的需求满足。自辽金以来，北京作为千年古都，不知有多少贵族，多少甲第，仅乾隆年间，就有三十座王府，嘉庆年间有四十二座王府，至清末，仍有五十座王府。这些王府，都是清皇帝给予高级贵族的最高物质奖赏，同时，也是莫大荣耀。

唐人孟浩然诗云："人事有代谢，往来成古今。江山留胜迹,我辈复登临。"刘禹锡诗云:"朱雀桥边野草花,乌衣巷口夕阳斜。旧时王谢堂前燕,飞入寻常百姓家。"在政权更迭后,南朝建康(今南京)高级贵族的住宅,随着政权迭代,或鞠为茂草,或不知落入谁人之手。千年古都长安,情况也是如此。韦庄《秦妇吟》诗云,东南断绝无粮道,一斗黄金一斗粟。长安寂寂今何有?甲第朱门无一片。昔时繁盛皆埋没,举目凄凉无故物。内库烧为锦绣灰,天街踏尽公卿骨!反映唐末黄巢屠长安时,东南漕运粮道断绝,粮价高昂,长安城贵族、官员、百姓的惨死,甲第的残破。元人张养浩《潼关怀古》写道:"伤心秦汉经行处,宫阙万间都做了土。"正揭示了封建王朝国运不能长久。古都北京,现存王府十九座,保存较好的有八座。我们徜徉在北京后海周边,尚能看见清人遗迹,如恭亲王府、涛贝勒府、达王府等。1949年以后,这些王府甲第,都有了新的用途。我们研读历史文献、朗诵古诗,登临历史遗迹,深切体会到,中国文明所经历的苦难,和中国文明的延续。

随着科技进步,文明发展,人们的饮食和居住条件好了,选择多了,方式也有变化。但住宅和食物,作为激励人们努力和进步的基本物质条件,作为吸引人才的条件,没有改变。居住与饮食的历史,逐渐成为一种物质文化,融入人们的日常生活和精神世界。以史为鉴,可以知兴替。由近及远,两千年前,西汉首都长安城里,高级贵族的住宅、粮食供应,是怎样的情况?

二十世纪以来,中国史研究中,服饰史、饮食史、水利史、交通史等,都有很多研究成果;就汉代住宅而言,近年来,一些学者根据考古、墓葬明器、画像砖、画像石、墓葬壁画等,研究西汉民居、河西屯戍吏卒住所。至于汉代长安贵族的甲第(高级住宅),以及他们的食邑,具体情况,尚不清楚。但是,当代学者在西汉考古、秦汉史、简牍、交通史、历史地理,如长安地图、漕运海运、政区沿革、人口变迁、侯国食邑等方面的研究,提供了丰富的历史知识,也给予我们较好的启发。但是,西汉长安贵族的甲第、食邑,以及汉唐长安的粮食供应问题,还有一些问题需要解决。

本书收录作者十年间,关于西汉贵族甲第和食邑、汉唐长安粮食供应的4篇论文,分别研究以下问题:(1)西汉长安的甲第居住者身份、甲第性质、营造等问题；（2）西汉初，公主、列侯的食邑，不在朝廷自有十五郡内，而是在东方诸侯王国内；（3）汉初，山东鲁侯奚涓-母侯刘疵的鲁侯国，吕后外孙张偃鲁王国的变迁，并推算鲁王张偃的食邑户数、租入；（4）高祖吕后之女鲁元公主，其汤沐邑食邑的户数和租入；（5）汉唐长安的粮食供应；（6）汉唐时关中的气候、水利、劳动力和消费人口的此消彼长。

西汉长安贵族的甲第与食邑，仅仅是历史发展长河中一个小小的记忆符号。从住宅和食邑研究和回顾中，我们仍能体会到中国历史的厚重。秦汉史研究，是中国古代史研究中，成果最为丰富的断代史研究之一。前贤往哲，当代学者，有大量的优秀研究成果。我所做的工作，仅仅是拾遗补阙，再现历史真实而已。不足之处，希望读者批评指正。

西汉长安的甲第

二十世纪以来，中国史研究中，服饰史、粮食饮食史、水利史、交通史等等，都有研究成果；各地开发利用明清民居，作为旅游资源，成为人们争相参观的对象。由于汉画像石、画像砖、墓葬壁画、墓葬明器的发现，学术界对汉代民居的研究，出现不少研究成果。"研究我国古代民居，有一定可靠现实性的，最早当数汉代"民居。[1]随着河南内黄三杨庄汉代民居的考古发现，学者们又研究黄河河道上新的居民住

---

[1] 陈弘、陈天声：《汉代民居建筑研究》，《文物建筑》2014年6月30日；陈弘、陈天声：《汉代民居建筑研究》，陈天声：《汉代民居建筑考（上）》，《杭州文博》2009年8月30日。陈天声：《汉代民居建筑考（续）》，《杭州文博》2011年1月30日。

宅,[1]或者进行民居复原研究。[2]还有学者利用汉简等,研究西汉河西屯戍吏卒住所。[3]

关于汉代长安的甲第,即高级住宅情况,尚不清楚。20世纪90年代以来,仅有几种成果涉及:1996年史念海先生主编的《西安历史地图集》中有西汉长安城图(考古)、西汉长安城图(文献)和西汉未央宫图、西汉建章宫图,于后两图中标注出一些高官、显贵如夏侯婴、石奋、董贤、霍光、王商等列侯府第的位置[4];刘庆柱、李毓芳先生指出了汉长安城里居的分

---

[1] 孙家洲:《从内黄三杨庄聚落遗址看汉代农村民居形式的多样性》,《中国人民大学学报》2011年第1期。孙家洲先生提到很多论文,均可参考。

[2] 朱林:《汉代民居复原研究——以汉长安城遗址公园民居改造方案为例》,陕西师范大学2014年硕士学位论文;白庆韬:《河南内黄三杨庄汉代民居建筑复原研究——以第二处庭院遗址为例》,郑州大学2015年硕士学位论文。

[3] 赵兰香、朱奎泽:《汉代河西屯戍吏卒衣食住行研究》第3编,中国社会科学出版社2016年版。

[4] 史念海:《西安历史地图集》,西安地图出版社1996年版,第54~56页。

布与形制、甲第的基本范围[1],对西汉长安甲第研究有重要价值。杨宽先生探讨西汉长安布局结构[2],徐畅研究汉代"北阙",兼及"北阙甲第"[3],赵晓峰论及"甲第"形制,如第门等[4]。侯旭东研究郡国邸[5]、王丽娜考证汉代京师邸[6],荣新江研究唐代甲第地望、形制、象征意义等[7],王媛研究近代浙江地方分家中住房分配[8],都对

---

[1] 刘庆柱、李毓芳:《汉长安城》,文物出版社2003年版,第165—167页。刘庆柱:《汉长安城北宫的勘探及其南面砖瓦窑的发掘》,《考古》,1996年第10期;《汉长安城的考古发现及相关问题研究》,《考古》1996年第10期。

[2] 杨宽:《西汉长城布局结构的探讨》,《文博》(创刊号),1984年3月1日;《西汉长安布局结构的再探讨》,《考古》,1989年第2期。

[3] 徐畅:《西汉长安城未央宫北阙的地理位置及政治功用》,《四川文物》,2012年第4期。

[4] 赵晓峰等:《汉代画像砖石图样中显现的建筑文化特征探析》,《营造》,第4辑,2007年6月。

[5] 侯旭东:《从朝宿之舍到商铺——汉代郡国邸与六朝邸店考》,《清华大学学报》,2011年第5期。

[6] 王丽娜:《汉代邸舍制度研究》,长春:东北师范大学2014年硕士学位论文。

[7] 荣新江:《高楼对紫陌,甲第连青山——唐长安城的甲第及其象征意义》,《中华文史论丛》,2009年第4期(总第九十六期),第1~39页。

[8] 王媛:《一个家庭代际分家中的房间分配史》,《上海交通大学学报》,2017年第3期,第109~116页。

我们有较好的启示意义。本文则从历史、地理、文献和建筑等方面探讨西汉长安城甲第，甲第居住者的身份、营造、扩建、转移，甲第的性质和作用等问题，希望引起学界重视住宅史的研究。

研究发现，西汉列侯、公主、将军、丞相等在京师长安都有甲第；诸侯国王朝见皇帝或有大事时，则居京师邸第。这些甲第，在布局上，主要分布在未央宫东阙、北阙、宣平贵里和长安城北五陵、城东杜陵、霸陵的陵邑。在时间上，从高祖六年到吕后六年（公元前201—前182年）有列侯和诸侯、王邸第百余所。在文景武昭宣成帝至汉末，长安仍有甲第修建。在性质上，甲第不是商品，不能交易，甲第是国家财产，系国家赐予（分配）或营造，是身份地位的标志，只有较高政治地位者才能获得使用权，所有权归国家。列侯可改建、扩建。失侯时，朝廷收回甲第，另赐他人。

一、甲第形制和分布区域概况

《释名》云："宅，择也，择吉处而营之。"土地和住宅是生产资料和生活资料。求田问舍，古已有之。

秦商鞅变法，用田宅、爵位奖励耕战有功者。汉人有赐田宅、买田宅、广田宅、治田宅、利田宅、税民田宅、夺民田宅等事。宅，也称第，至后秦时（5世纪初）合称宅第。孟康曰："有甲乙次第，故曰第。"第，有甲乙之次第。甲第，即甲等门第，高级住宅。左思《蜀都赋》说成都"亦有甲第，当衢向术，坛宇显敞，高门纳驷，庭扣钟磬，堂抚琴瑟"。术，道也。当衢向术，即甲第面向交通大道，不在背街里巷。徐坚《初学记》引《魏王故事》云，"出不由里门，面大道者，名曰第。……其舍在里中，皆不称第"。甲第的基本特征，当街辟门，面向大道，屋宇宽敞，门第高大，容马车通过。甲第，或称甲舍。甲第为高级住宅，有单独区域，不在闾里中。

西汉长安甲第的形制和分布区域，作者将专文探讨，这里略说。9世纪初，白居易在长安，写下《秦中吟》十首，其《伤宅》诗云：

　　谁家起甲第，朱门大道边。
　　丰屋中栉比，高墙外回环。
　　累累六七堂，栋宇相连延。

西汉贵族的甲第与食邑

一堂费百万，郁郁起青烟。
洞房温且清，寒暑不能忏。
高堂虚且迥，坐卧见南山。
绕廊紫藤架，夹砌红药栏。
攀枝摘樱桃，带花移牡丹。
主人此中坐，十载为大官。
厨有臭败肉，库有贯朽钱。
谁能将我语，问尔骨肉间。
岂无穷贱者，忍不救饥寒。
如何奉一身，直欲保千年。
不见马家宅，今作奉诚园。[1]

诗人描述唐代长安一处甲第的状况：甲第位于大道旁，外有高墙环绕，内部房屋鳞次栉比，堂屋六七座，栋宇相连，洞房冬暖夏凉，堂屋高大宽敞，紫藤缠绕走廊，护栏两侧开满芍药，樱桃红熟，牡丹飘香。高堂之上，遥望南山。汉代长安城里的甲第，也大体差不多。

---

[1] 白居易著，顾学颉校点：《白居易集》卷二《秦中吟十首·伤宅》，中华书局，1979年，第31页。

初步研究，汉长安甲第主要分布在未央宫东阙、北阙、宣平贵里和长安城北五陵的陵邑，和城东杜陵、霸陵的陵邑。

二、甲第居住者的身份

谁能居甲第？汉代，丞相、将军、列侯、公主等能居住甲第，各王国国王在长安有邸第。高祖十二年（公元前195年）三月诏书说：

> 吾立为天子，帝有天下，十二年于今矣。与天下之豪士贤大夫共定天下，同安辑之。其有功者，上致之王，次为列侯，下乃食邑。而重臣之亲，或为列侯，皆令自置吏，得赋敛。女子【为】公主、为列侯者食邑，皆佩之印，赐大第室；吏二千石，徙之长安，受小第室。入蜀汉定三秦者，皆世世复。吾于天下贤士功臣，可谓亡负矣。其有不义背天子擅起兵者，与天下共伐诛之。布告天下，使明

西汉贵族的甲第与食邑

知朕意。[1]

汉高祖诏书，陈述汉六年至十二年汉朝封王封侯的事实。诸侯王和列侯，都可以设置吏如相、中尉、御史大夫等，还可以收税，有自己的纪年。汉朝皇帝赐予王、列侯、公主食邑、印章，大第室，二千石吏徙之长安，受小第室内。何为甲第？孟康说，"有甲乙次第，故曰第也"。[2] 汉代分封功臣为二等，"汉兴，序二等"，"汉封功臣，大者王，小者侯"。[3] 因此，长安甲第分二等，即甲第，乙第，正符合汉初封侯"大者王、小者侯"这种分封制度。

诸侯王有金玺，《汉书》卷十九上《百官公卿表上》说："诸侯王，高帝置，金玺盭绶，掌治其国。有太傅

---

[1] 王先谦《汉书补注》卷一《高祖下》，武英殿刻本。中华书局整理本《史记》卷一《高帝纪下》："重臣之亲，或为列侯，皆令自置吏，得赋敛，女子公主。为列侯者食邑者。"诸侯王、列侯之女，称翁主，不称公主。作者对此标点为"重臣之亲，或为列侯，皆令自置吏，得赋敛。女子【为】公主、为列侯食邑者"。本书此处，不采用中华书局整理本标点。

[2] 王先谦《汉书补注》，上海师范大学古籍整理研究所整理：《汉书补注》卷一《高祖下》，第118页。

[3] 司马迁：《史记》卷一七《汉兴以来诸侯王年表序》，北京：中华书局，2011年，第801页。

辅王，内史治国民，中尉掌武职，丞相统众官，群卿大夫都官如汉朝。景帝中五年，令诸侯王不得复治国，天子为置吏，改丞相曰相。"诸侯王都有金印，并且有绶带，名为盭。盭，是一种类似艾的草，可染绿，产于琅邪郡平昌县。平昌，杜预《春秋释例》卷六："城阳平昌县。"诸侯的印章，也有其他材质，如鲁母侯刘疵的印章，是玛瑙印章。1978年，山东临沂岑河公社洪家店大队砖瓦厂，发现西汉刘疵金缕玉套，仅有面罩帽、手套、脚套，玉片质量良好，金缕色泽鲜明；玛瑙印章一枚，阴文篆书刘疵二字。[1]

汉能得天下，实际是汉王刘邦与其他功臣共同打江山。建国后，自然要与功臣们分享胜利成果。汉十一年二月诏书说："今吾以天之灵，贤士大夫定有天下，以为一家，欲其长久，世世奉宗庙亡绝也。贤人已与我共平之矣，而不与吾共安利之，可乎？贤士大夫有肯从我游者，吾能尊显之。布告天下，使明知朕意。"[2] 刘邦表示，与天下豪士贤大夫共定天下，同时要与贤士大夫共安利天下。具有讽刺意味的是，他分

---

[1] 临沂地区文物组：《山东临沂西汉刘疵墓》，《考古》，1980年第6期。
[2] 班固《汉书》卷一《高帝下》。

封的异姓王，都被他铲除殆尽，代之以自己的子、弟、侄，只剩下长沙王吴芮为异姓王。诸侯王、列侯、公主、将军、丞相等拥有甲第，情况如下：

（一）各国王，在长安有邸第

各国王平时居于封国国都的王宫内，朝请或国有大事，才来居长安邸第。各诸侯国，在长安，都有邸第。"汉法，诸侯各起邸第于京师。"[1] "诸侯王及诸郡朝宿之馆，在京师者，谓之邸。"[2] 王、侯朝请时，郡国上计时，都入住各国在京师之邸第。长安朝宿之馆，谓之王邸或郡邸。按照惯例，诸侯王十月，到长安朝见皇帝，祝贺新正。例如，高祖九年冬十月，淮南王、梁王、赵王、楚王朝未央宫，置酒前殿。高祖十年冬十月淮南王、燕王、荆王、梁王、楚王、齐王、长沙王来朝。这些大国国王，来到长安，都住在各国在长安的邸第。诸侯王到长安朝见天子，其礼仪，他们在长安的居留时间，都有规定。褚少孙补《史记》云："又

---

[1] 司马迁：《史记》卷九《吕太后本纪》《正义》，第398页。
[2] 班固《汉书》卷三十四《卢绾传》，颜师古注。

诸侯王朝见天子……凡留长安不过二十日。"[1] 汉朝规定，诸侯王朝见天子，诸侯王在长安不过二十日。初期，诸侯王朝见天子，或间隔一年，或三年，大约景帝时规定，"今汉之仪法，朝见贺正月者，常一王与四侯俱朝见，十余岁一至"。[2] 实际有的受宠诸侯王，连年入朝，有时甚至在京师接近半年。诸侯王到长安时，住到各国在长安的邸第。如：

赵王张敖平时居赵国王宫，被逮至长安，当居长安赵邸；被废为宣平侯，当居宣平侯第。

汉高祖庶长子刘肥，汉六年（公元前201年）封为齐王，谥号为悼惠王。他平时居齐国王宫，高祖十年（公元前197年）冬来朝高祖。惠帝二年（公元前193年）齐悼惠王又来朝，吕后欲害之，悼惠王惧不得出城，齐内史出计，"至【齐】邸，上奏献【城阳】十城"[3]。"吕后大喜，置酒齐邸，乐饮，罢，归齐王。"[4] 齐王肥献出城阳郡十城后，吕后大喜过望，吕后到齐

---

[1]《史记》卷五十八《梁孝王世家》。
[2]《史记》卷五十八《梁孝王世家》。
[3] 刘向著，石光瑛校释，陈新整理：《新序校释》卷一〇《善谋下第十》，北京：中华书局，2009年，第1380页。
[4] 司马迁：《史记》卷九《吕太后本纪》，《集解》引韦昭，第398页。

邸，摆下酒席，宴请齐王肥。

按，褚少孙补《史记》云："又诸侯王朝见天子，汉法，凡当四见耳。始到，入小见；到正月朔旦，奉皮荐璧玉贺正月，法见。后三日，为王置酒，赐金钱财物。后二日，复入小见，辞去。凡留长安不过二十日。小见者，燕见于禁门内，饮于省中，非士人所得入也。"[1] 诸侯王朝见天子，有四次会见。第一次接见，是齐王刚入京师，非正式接见，称小见。第二次，正月初一早晨，诸侯王双手捧着皮垫上的玉璧，祝贺新正，为正式接见，称为法见。正式接见三天后，天子或太后，举办酒宴，邀请诸侯王，赐予金钱财物。再过二日，再次接见，送行宴请，诸侯王即辞去。诸侯王在长安不过二十日。各诸侯王到长安时，法定时间为二十日，其住所就是各国在长安的邸第。此次吕后设酒宴送行，就在齐王邸第。

汉高祖六年封侯时，奚涓被封为鲁侯，奚涓死事，无后，母刘疵代侯。惠帝七年改母侯刘疵封地为重平。吕后元年（公元前187年）初置鲁国，四月王张偃。

---

[1]《史记》卷五十八《梁孝王世家》。

鲁王张偃年少，不之国，居长安，长安当有鲁王甲第。或者，张偃鲁王甲第，就是原先鲁侯奚涓－鲁母侯刘疵的甲第。张偃被废为南宫侯后，山东又有汉景帝子鲁恭王刘余及其后代。他们到长安来，依旧使用鲁邸。建元初，汉武帝派使者，束帛加璧，安车，用蒲草裹轮，征召山东八十多岁的儒家先生申公，到长安，汉武帝问治乱之事，申公回答："为治不在多言，顾力行何如耳。"汉武帝用他当太中大夫，让申公住在鲁邸，议修明堂，朝诸侯。[1] 朝诸侯，就是接受诸侯的朝拜。

吕后立太、武、朝为济川王、淮阳王、常山王，各王因年少，未之国，居长安。当大臣诛诸吕后，滕公车载少帝，就舍少府[2]。当夜"有司分部诛济川、淮阳、常山王及少帝于邸"[3]。则三王在长安分别有济川邸、淮阳邸和常山邸。

吕后时，燕王卢绾遗孺和子从匈奴降汉，舍燕邸，欲见吕后。为欲置酒见之。[4] 高后病死，卢绾妻子也

---

[1] 司马迁：《史记》卷一二一《儒林列传》，第3122页。
[2] 班固：《汉书》卷四〇《周勃传》，第2055页。
[3] 司马迁：《史记》卷九《吕太后本纪》，第412页。
[4] 班固：《汉书》卷三四《卢绾列传》颜注，第1893页。

病死。燕王卢绾妻子和儿子，从匈奴归降汉朝，就住在长安城的燕邸。

吕后六年（公元前182年），齐人田生入长安，"假大宅，令其子求事吕后所幸大谒者张卿。居数月，田生子请张卿临，亲修具。张卿许往，见田生盛帷帐共具，譬如列侯。张卿惊，酒酣，【田生】乃屏人说张卿曰：'臣观诸侯王邸弟百余，皆高祖一切功臣。今吕氏雅故本推毂高帝就天下，功至大，又亲戚太后之重。太后春秋长，诸吕弱，太后欲立吕产为吕王，王代。太后又重发之，恐大臣不听。"[1] 吕后想立吕家侄子为王侯，很难直接开口，田生劝张卿，动员朝廷大臣主动提出立吕产为吕王，取悦吕后。田生所借大宅，以及室内布置，估计跟列侯府第差不多，所以张卿大惊。田生在长安待了数月，走马观花，见到长安一百多所诸侯王邸第、府第，与平民百姓住宅相比，天壤之别。《汉书》作"臣观诸侯邸第百余，皆高帝一切功臣"[2]。田生所说长安"诸侯、王邸第百余，皆高帝一切功臣"，包括列侯在京师之第和各郡国在京师之邸。

---

[1] 司马迁：《史记》卷五一《荆燕世家》，第2408页。
[2] 班固：《汉书》卷三五《燕王刘泽传》，第1901页。

吕后七年（公元前181年）春正月丁丑，召赵王友至长安，"置邸不见，令卫围守之，不得食。其群臣或窃馈之，辄捕论之"，后幽闭而死。[1]高祖刘邦根本想不到，他把赵王张敖降为宣平侯，安排亲子为赵王，吕后不费吹灰之力，就把赵王幽闭在赵国在京师的邸第。赵邸，简直成了刘邦三子的坟墓。

吕后八年（公元前180年）九月，丞相陈平、太尉周勃等使人迎代王。代王先派舅舅薄太后弟薄昭，到长安见周勃。得到周勃的回复，薄昭回到代国汇报。代王命宋昌参乘，张武等六人乘传到长安，他们到高陵停下。派宋昌到长安观变。宋昌到渭桥，丞相以下皆迎，宋昌还报。代王驰至渭桥，群臣拜谒称臣。太尉周勃跪上天子玺符，代王辞谢："至代邸而议之。"代王"遂驰入代邸"。代王在代邸，即天子位。太仆夏侯婴与东牟侯刘兴居清宫，奉天子法驾，迎于代邸。皇帝即日夕入未央宫。[2]汉文帝即位仪式，不在未央宫，而在代邸举行。

---

[1] 班固：《汉书》卷三八《高五王传》，北京：中华书局，2011年，第1989页。

[2] 司马迁：《史记》卷一一《文帝纪》，第417页。

梁孝王刘武，经常住在长安邸第。文帝二年（公元前178年），刘武初封为代王，后来徙为淮阳王、又徙为梁王。谥号为孝。他多次入长安："梁孝王十四年入朝，十七、十八年，比年入朝，留，其明年，乃之国。二十一年入朝。二十二年，汉文帝崩。二十四年，入朝。二十五年，复入朝。"二十九年（公元前150年）十月入朝，此时为汉景帝七年，十一月归国。四月又入朝，隐藏于长公主园。三十五年冬入朝。褚少孙补《史记》说，"今梁王西朝，因留，且半岁。……今汉之仪法，朝见贺正月者，常一王与四侯俱朝见，十余岁一至。今梁王常比年入朝见，久留"。[1]梁孝王连年入朝，有时甚至留居长安半年，虽然他受到窦太后宠爱，入则侍景帝同辇，出则同车游猎，射禽兽上林中，但还是住在梁国在京师的邸第。

景帝中元六年（前144年）三月雨雪。四月，梁孝王死。五月，城阳王、济阴王死。六月，成阳公主死。三个月间，汉景帝"四衣白，临邸第"[2]。梁孝王、城阳王、济阴王在各国都有王宫，在长安，都有邸第，景

---

[1] 《史记》卷五十八《梁孝王世家》。
[2] 班固：《汉书》卷二六《天文志》，第1305页。

帝到各王长安邸哀悼。邸，即梁孝王邸第、城阳王邸第、济阴王邸第。第，为成阳公主第。

汉元帝傅昭仪，生育一男一女，女为平都公主，男为定陶恭王。元帝去世，傅昭仪随定陶王归国，称定陶太后。后十年，定陶恭王死，子代为定陶王。元延四年（公元前9年）定陶王入朝，次年立为太子，成帝下诏"傅太后与太子母丁姬，自居定陶国邸"。哀帝即位后，王太后下诏"傅太后、丁姬十日一至未央宫"，赐予食邑如长信宫、中宫（后改为永信宫、中安宫）。在成帝元延四年至绥和二年（公元前7年）四月前，傅太后、丁姬，都住在定陶国邸。[1]

以上代邸、齐邸、鲁邸、赵邸、燕邸、济川邸、淮阳邸、常山邸、代邸、梁邸、城阳邸、济阴邸、定陶国邸等，都是诸王在京师之邸。

各国王，平时居国都王宫，景帝子鲁恭王刘余好治宫室，毁坏孔子宅，扩大宫室；江都易王刘非，好治宫馆，胶西于王刘端曾封闭宫门，赵王刘彭祖不好

---

[1] 班固：《汉书》卷九七下《外戚传下·元帝傅昭仪》，第4000页。

治宫室[1]。武帝子昌邑王被废后,仍居昌邑故宫等[2]。各王来朝时居邸,平时只有少数人员值守,如《汉书·朱买臣传》载,朱买臣,常从会稽守邸者,寄居饮食。故王国和各郡在京师的邸第,平时无人居住。元始二年(公元2年)夏流民入长安,"民疾疫者,舍空邸第,为置医药"[3]。地皇四年(公元23年),绿林军入长安,新莽诸将"拒击北阙下","会日暮,官府、邸第尽犇亡"。[4]此处"邸第",为各国王在京师之邸、列侯公主之甲第。

同时,在陵邑,也有丞相、御史、将军、列侯、公主、中二千石的第宅。《汉书·成帝纪》鸿嘉二年(公元前19年)夏载,成帝"赐丞相、御史、将军、列侯、公主、中二千石冢地、第宅",并于昌陵赐之[5]。

---

[1] 班固:《汉书》卷五三《景十三王传》,第2413、2414、2418、2420页。
[2] 班固:《汉书》卷六三《武五子传》,第2767页。
[3] 班固:《汉书》卷一二《平帝纪》,第353页。
[4] 班固:《汉书》卷九九下《王莽传下》,第4190页。
[5] 班固:《汉书》卷一〇《成帝纪》,第317页。

（二）丞相生活居住处所，为甲第

相国或丞相办公官署，称相国府或丞相府；丞相及家人生活的宅第，称丞相舍，或相舍。秦朝，丞相府是公署，丞相另有住宅。汉元年十月，"萧何尽收秦丞相府图籍文书"[1]。而秦丞相李斯"置酒于家，百官长皆前为寿，门廷车骑以千数"[2]，说明李斯宅第规模相当大，能容纳数以千计的车骑。汉承秦制。"汉长安丞相府，位于未央宫东阙之外"。汉二年韩信、萧何、曹参并为相国、丞相，他们在长安的府内均有殿。殿，即大堂。[3]这说的是相国（丞相）府，即公署。

至于丞相住宅，我们先看看萧相国的住宅。司马迁说，萧何"置田宅必居穷辟处，为家不治垣屋"，这是指萧何早年住宅情况。其实萧何在长安有甲第。司马迁有意称赞萧何居处节俭、谦卑，使后人误以为萧何没有高级住宅。其实，这是萧何在沛县老家的住宅。

---

[1] 班固：《汉书》卷一《高帝纪》，第23页。
[2] 司马迁：《史记》卷八七《李斯列传》，第2547页。
[3] 宋杰：《西汉长安的丞相府》，《中国史研究》，2001年4期，第37～73页。

但是，司马迁间接透露了萧相国的住宅规模，并不小。汉十一年（公元前196年），汉高祖"令卒五百人一卫尉为相国卫"[1]，汉高祖疑忌萧何，才派士卒守卫萧相国住宅。如果是小门小户，根本不需要五百人守卫，萧何住宅，必定是高门大屋。

成帝永始元年（公元前16年）封王莽为新都侯，后来朝廷几次诏令王莽就第，显示新都侯王莽长安有第，后来又诏令其就国，则侯国有宅第。平帝元始元年（公元1年）又封王莽功如萧相国，号安汉公，朝廷"以故萧相国甲第，为安汉公第"[2]，这说明萧相国有甲第，200年后成为安汉公王莽的甲第；元始五年（公元5年）朝廷加王莽九锡，"以楚王邸为安汉公第"[3]，长安的楚邸，成为王莽之第，规制当高于萧相国之甲第，为甲第之甲第。

北平侯张苍"以列侯为主计四岁"，"以列侯居相府，领主郡国上计者"[4]。相府，当是丞相府官署，不

---

[1] 司马迁：《史记》卷五三《萧相国世家》，第2017页。
[2] 班固：《汉书》卷九九上《王莽传上》，第4047页。
[3] 班固：《汉书》卷九九上《王莽传上》，第4075页。
[4] 班固：《汉书》卷四二《张苍传》，第2094页。

是丞相宅第，即丞相官署，与丞相住宅，有区别，不是一处建筑。

丞相宅第又称相舍。曹参"相舍后园近吏舍"[1]，此处相舍，指曹参宅第。曹窋受惠帝之托，休沐日，归劝父亲要多做事情，不能日夜饮酒做乐。曹窋所归，当归曹参平阳侯第。

吕媭因陈平为高祖谋划捉住樊哙事，时常在吕后面前告状，说"陈平为相，非治事，日饮醇酒，戏妇女，陈平闻日益甚"。[2] 这是指，陈丞相在丞相府的行为做派。陈平"常燕居深念"。退朝而处，曰燕居。这是指陈平在住处。陆贾"往请，直入坐"。陆贾不等门人通报，直接进入陈平住所，即指陈平府第。

申屠嘉于汉文帝元年（公元前179年）为关内侯，食邑五百户。文帝后元二年（公元前162年），申屠嘉从御史大夫升任丞相，因故邑为故安侯。故安，即今河北固安。申屠嘉为相，从文帝后元二年直到汉景帝二年（公元前155年）。汉文帝时，丞相申屠嘉，在丞相府指斥汉文帝宠臣邓通。他把邓通召到丞相府训斥。

---

[1] 司马迁：《史记》卷五四《曹相国世家》，第2030页。
[2] 司马迁：《史记》卷五六《陈丞相世家》，第2060页。

"【申屠】嘉为人廉直,门不受私谒。是时太中大夫邓通,方隆爱幸,赏赐累巨万。文帝尝燕饮通家,其宠如是。是时丞相入朝,而通居上傍,有怠慢之礼。丞相奏事毕,因言曰:'陛下爱幸臣,则富贵之;至于朝廷之礼,不可以不肃。'上曰:'君勿言,吾私之。'罢朝坐府中,嘉为檄,召邓通诣丞相府,不来,且斩通。通恐,入言文帝。文帝曰:'汝第往,吾今使人召若。'通至丞相府,免冠,徒跣,顿首谢。嘉坐自如故,不为礼,责曰:"夫朝廷者,高皇帝之朝廷也。通小臣,戏殿上,大不敬,当斩。吏今行斩之!'通顿首,首尽出血,不解。文帝度丞相已困通,使使者持节召通,而谢丞相曰:'此吾弄臣,君释之。'邓通既至,为文帝泣曰:'丞相几杀臣。'"邓通是汉文帝弄臣。申屠嘉为人廉直,"门不受私谒",指在丞相府或住处,都不接受私人请求拜访。他在未央宫前殿奏事,并指出汉文帝应严肃朝廷之礼,"罢朝坐府中,嘉为檄,召邓通诣丞相府",即是在丞相府作檄文,召邓通到丞相府。[1] 此丞相府,即丞相公署。

---

[1] 司马迁:《史记》卷九六《张丞相列传》,第2683页。

汉景帝时，丞相申屠嘉与袁盎有点小矛盾，袁盎到丞相舍求见丞相，申屠嘉开始不理会，后来接见袁盎。"袁盎告归，道逢丞相申屠嘉，下车拜谒，丞相从车上谢袁盎，袁盎还，愧其吏，乃之丞相舍，上谒求见丞相。丞相良久而见之"，丞相申屠嘉，公事公办，说："使君所言公事，之曹与长史掾议，吾且奏之；即私邪，吾不受私语。"[1] 曹，丞相府下属办事的官署，"丞相初置吏员十五人，皆六百石，分东西曹"[2]。袁盎到丞相舍拜见丞相，丞相舍，就是指丞相住宅，即故安侯甲第。

汉宣帝地节三年（公元前67年），御史大夫魏相为丞相，封高平侯，食邑八百户，有甲第。京兆尹赵广汉有违法犯罪事，有人上书举报赵广汉。"事下丞相、御史，案验甚急"，赵广汉派亲信长安人某某到丞相府当门卒，让他搜集丞相门内不法事。

地节三年七月中，丞相傅婢有过，自己上吊自杀。赵广汉闻知此事，怀疑是丞相魏相的夫人因妒忌杀人于丞相府舍，而丞相恰巧因公事不在家。赵广汉为摆

---

[1] 司马迁：《史记》卷一〇一《袁盎列传》，第2741页。
[2] 卫宏：《汉官旧仪》卷上，清武英殿聚珍版丛书本。

脱罪责，胁迫丞相魏相，不追查自己违法犯罪事，"发吏卒至丞相舍，捕奴婢笞击问之"[1]。赵广汉调派吏卒到丞相魏相的住处，逮捕奴婢、审问情况。《汉书》作：赵广汉"自将吏卒，突入丞相府，召其夫人跪庭下受辞，收奴婢十余人去，责以杀婢事"[2]。丞相舍，即丞相住宅。班固《汉书》把丞相舍（相舍）称为丞相府，造成混乱。

从申屠嘉和魏相两例，可见丞相府、丞相舍是两处建筑，不是一处，前者指官署，后者指丞相生活居住处，即甲第。

又，丞相公孙弘封平津侯，文献不记其有甲第。他在丞相府大开东阁，营客馆——钦贤之馆、翘材之馆、接士之馆，招延天下士人。公孙弘"凡为丞相御史六岁，年八十终丞相位。其后李蔡、严青翟、赵周、石庆、公孙贺、刘屈氂继踵为丞相。自蔡至庆，丞相府客馆，丘虚而已。至贺、屈氂时，坏以为马厩、车库、奴婢室矣。唯庆以惇谨复终相位"[3]。丞相府是公署，不是住宅。丞相府客馆，乃丞相府招待所。公孙

---

[1] 司马迁：《史记》卷九六《张丞相列传附魏相传》，第2687页。
[2] 班固：《汉书》卷七六《赵广汉传》，第3205页。
[3] 班固：《汉书》卷五八《公孙弘传》，第2623页。

弘自奉简约，故人宾客仰衣食，俸禄以给之，家无余财，不会自建大第。公孙弘生病，武帝"赐告牛酒杂帛"[1]，无赐甲第的记录。

万石君石奋家，从长安戚里，迁居茂陵陵里，家有诸子之舍，闾里有里门。其子内史石庆乘车归里不下车，万石君斥责；元狩元年，牧丘侯石庆为丞相，碌碌无为，武帝斥其反室[2]。可见万石君住宅位于茂陵的闾里中，不是甲第。石庆为相，无居甲第的记载。

张汤之子张安世，昭帝始元元年（公元前86年）霍光用张安世为右将军。后来，昭帝用他为卫将军，封富平侯，有甲第。卫将军张安世参与制定朝廷大政，"每定大政已决，辄移病出。闻有诏令，乃惊，使吏之丞相府问焉。自朝廷大臣，莫知其与议也。"[3] 显然，他从朝中出来，是回到住宅。富平侯甲第然后，派身边小吏到丞相府询问情况。可见，丞相府是公署，不是宅第。

其后，御史大夫建平侯杜延年、丞相扶阳侯韦贤、

---

[1] 班固：《汉书》卷五八《公孙弘传》，第2622页。
[2] 司马迁：《史记》卷一〇三《万石君张叔列传》，第2766页。
[3] 班固：《汉书》卷五九《张汤传附子安世传》，第2649页。

营平侯赵充国、西平侯于定国、乐陵侯史高、高乐侯史丹、安昌侯张禹等,都在年老体衰时,罢官归第或就第,韦贤还受"加赐第一区",即韦贤在长安有两处府第。高阳侯薛宣一度罢官归第。阳安侯丁明、高武侯傅喜,皆罢官归第。说明这些以列侯任丞相者,在长安都有第。《汉宫旧仪》云,丞相薨后,"移居第中,车驾往吊,赐棺、敛具、赠钱、葬地。葬日,公卿已下会葬焉"。移居第中,就是从丞相公署,移到丞相住宅,即甲第。这当是朝廷赐丞相府第日常化后的丧制。

(三)将军,长安有甲第

绛侯周勃为太尉,为丞相,当有列侯甲第,文帝两次诏令其就国。子周胜之嗣侯,尚公主,坐杀人,国绝。一年,文帝择其次子周亚夫为侯,为太尉,为丞相,当继续居甲第。

景帝时大将军窦婴居处有廊庑,廊庑为堂下四周的廊屋,厢耳、廊庑、院门、围墙等周绕联络而成一院,为大第室。

汉武帝赐栾大四将军四印,赐列侯甲第,汉武帝亲至其家,自窦长公主、大臣、将军、卿相已下,皆致酒其家。武安侯家,有方士出入[1]。武安侯甲第为同时期列侯甲第中最为有名的。

汉武帝为冠军侯霍去病营造甲第[2]。卫将军家,一次出来见少府赵禹的舍人,就有百余人[3]。舍人,左右亲近之通称,后遂以为私属官号,说明卫青府第规模不小。

张汤本居杜陵,其子张安世于武、昭、宣时辄随陵迁,凡三徙,复还杜陵。昭帝元凤六年(公元前75年),右将军、光禄勋张安世,受封为富平侯。宣帝即位,益封万六百户,其五代子孙嗣侯。考古发现,张安世墓有"卫将长史"封泥。宣帝元康三年(公元前63年),张安世小子彭祖,以世父(伯父)张贺,于宣帝有旧恩,封为阳都侯。父子封侯,在位太盛,张安世推辞俸禄,朝廷诏令"都内别藏张氏无名钱以百万数",资产巨万,能货殖,富于大将军霍光。

---

[1] 荀悦著,张烈点校:《汉纪》卷一三《孝武皇帝纪四》,北京:中华书局,2002年,第226页。
[2] 司马迁:《史记》卷一一一《卫将军骠骑列传》,第2523页。
[3] 司马迁:《史记》卷一〇四《田叔列传》,第2781页。

张安世封富平侯，长安富平侯府第很有名，曾孙张临尚敬武公主。张临子张放，受成帝宠幸。汉成帝与张放微行，俱称富平侯家人。张放娶皇后弟平恩侯许嘉女，成帝"赐甲第，充以乘舆服饰，大官、私官并供其第，两宫使者冠盖不绝，赏赐以千万数"。即成帝另赐张放甲第[1]。

宣帝地节二年（公元前68年）大将军霍光薨，宣帝诏复其后世，畴其爵邑，功如萧相国[2]，霍光功劳，比于萧何，自然拥有甲第。霍光"赏赐前后黄金七千斤，钱六千万，杂缯三万匹，奴婢百七十人，马二千匹，甲第一区"[3]，大概上官太后主事时，朝廷就赐霍丞相甲第。至地节二年霍光去世时，宣帝又有恩赐。张安世家族和霍光家族，都是当时名门望族，引人注目。从后代发展看，霍氏子侄，不如张安世子孙。

（四）列侯，不之国者，长安有甲第

高祖十二年诏表明，汉初列侯，多获得国家赐予

---

[1] 班固：《汉书》卷五九《张汤传附孙延寿传》，第2641页。
[2] 班固：《汉书》卷八《宣帝纪》，第247页。
[3] 班固：《汉书》卷六八《霍光传》，第2947~2948页。

的大第。汉初侯国,皆地处关东[1],列侯当居各侯国,实际并不如此。"为吏及诏所止者",即为公卿大夫,或以恩爱见留者[2],都居长安邸第。

如,留侯张良、平阳侯曹参、辟阳侯审食其、绛侯周勃、曲逆侯陈平、曲周侯郦商、安国侯王陵、北平侯张苍、汝阴侯夏侯婴、鲁母侯刘疵、舞阳侯樊哙、信武侯靳歙、宣平侯张敖等,都在长安有甲第。

安国侯王陵,惠帝六年(公元前189年)为相,其后被吕后阳升太傅,阴夺相权,杜门竟不朝请,七年而薨。即王陵免相后,一直居长安住处而甲第。王陵免相,吕后升陈平为右丞相。曲逆侯陈平甲第在长安。陆贾到陈平府第劝他与周勃将相合谋。

吕后以辟阳侯审食其为左丞相。"左丞相不治,常给事于中"。辟阳侯审食其,深得吕后信任,"幸于吕太后,及为相,居中,百官皆因决事"。[3]孟康说,"不立治处,使止宫中也"。辟阳侯国,地近山东淄川。[4]

---

[1] 马孟龙:《西汉侯国地理》,上海:上海古籍出版社,2013年版,第132页。
[2] 班固:《汉书》卷四《文帝纪》,李奇注,第115页。
[3] 司马迁:《史记》卷五十六《陈丞相世家》。
[4] 班固:《汉书》卷四〇《王陵传》,第2047页。

常给事于中，即在宫中办事。吕后居长乐宫，惠帝居未央宫，两宫隔章台街。为东朝长乐宫，惠帝特意让人修筑复道于武库南。辟阳侯审食其，作为丞相常处长乐宫。未央宫中不设办公处。但，辟阳侯甲第在长安。文帝三年（公元前177年），淮南王刘长入朝，乃往请辟阳侯，辟阳侯出见之，刘长即自袖铁椎，椎辟阳侯，令从者魏敬刭之。即辟阳侯有府第。[1] 陆贾就到辟阳侯府第，为平原君朱建筹措诸侯费用。[2]

列侯，到外地为诸侯王傅、相、中尉，长安城里仍有他们的甲第。如，北平侯张苍"以列侯为主计四岁"，"以列侯居相府，领主郡国上计者"。后来他为淮南王刘长相十四年。再后来为御史大夫四年、为丞相十四年，病免家居后，都居长安。[3] 说明长安城中有北平侯甲第。

平阳侯曹参，为齐相九年，长安当有平阳侯府第。高祖十年，惠帝二年，齐王肥来朝。"令：诸侯王朝，得从其国二千石。傅、相、中尉，皆国二千石，故尽

---

[1] 司马迁：《史记》卷一百一十八《淮南衡山王列传》。
[2] 司马迁：《史记》卷九十七《郦生陆贾列传》。
[3] 班固：《汉书》卷四二《张苍传》，第2904页。

从之。"[1]则齐王肥朝见高祖、吕后时，齐国随员都住在长安城中的齐邸内，如朱买臣住会稽郡邸一样。齐相曹参，则回其长安城中的平阳侯甲第。

第四代平阳侯曹时（《卫青传》又作曹寿），尚景帝女阳信长公主，阳信公主又称平阳公主。建元三年（公元前138年）汉武帝微行于长安周边，自称平阳侯；汉武帝于三月上巳，临水祓霸上，识卫子夫于平阳公主家。卫子夫自平阳公主家，得幸天子。则平阳侯曹时，阳信长公主，都各自有其府第。

张家山汉简《二年律令·津关律》廿二："丞相上鲁御史书言，鲁侯居长安，请得买马关中。"整理者认为，鲁侯指鲁王张偃[2]。其实，当为鲁母侯刘疵购买马车，出入长安大第。

当高祖派信武侯靳歙击赵国相阳夏侯陈豨、舞阳侯樊哙击燕王卢绾时，他们都从长安出发，说明长安有其府第。

平诸吕中，留侯子张辟强、平阳侯曹窋、曲周侯

---

[1] 班固：《汉书》卷一一《哀帝纪》，第333页。
[2] 张家山汉墓竹简整理小组：《张家山汉墓竹简（二四七号墓）（释文修订版）》，北京：文物出版社，第88页。

西汉贵族的甲第与食邑

郦商子郦寄等,都能出入宫中,陆贾到陈平府第,调停将相和睦,这都说明,有些列侯,长期居长安。

汝阴侯夏侯婴之甲第,位置接近北阙,"惠帝及高后德婴脱孝惠、鲁元于下邑之间,乃赐婴北第第一"。颜师古说:"北第者,近北阙之第,婴最第一也。"张衡《西京赋》言"北阙甲第,当道直启"[1]。

汉文帝时,功臣列侯多居长安,困扰着汉文帝,并且持续到景、武时期。贾谊以为,"汉兴二十余年,天下和洽,宜当改正朔,易服色,制度定官名,兴礼乐。乃草具其仪法,色上黄,数用五,为官名悉更奏之。文帝谦让未皇也,自以为不当改制。然诸法令所更定,及列侯就国。其说,皆谊发之。于是天子议以谊任公卿之位,绛、灌、东阳侯、冯敬之属,尽害之,乃短贾生曰:'洛阳之人,年少初学,专欲擅权,纷乱诸事。'于是天子后亦疏之,不用其议。"[2]贾谊提出令列侯就国的建议,符合汉文帝心意,但汉文帝迫于功臣列侯的压力,就不用贾谊建议。

实际上,在遣列侯就国问题上,汉文帝还是采纳

---

[1] 班固:《汉书》卷四一《夏侯婴传》,第 2079 页。
[2] 司马迁:《史记》卷八十四《贾谊列传》。

贾谊的建议，二年（前178年）冬十月，丞相陈平卒，文帝下诏曰："朕闻古者诸侯建国千余，各守其地，以时入贡，民不劳苦，上下欢欣，靡有违德。今列侯多居长安，邑远，吏卒给输费苦，而列侯亦无由教训其民。其令列侯之国，为吏及诏所止者，遣太子。"[1]列侯居住长安，有两个问题：第一，列侯公主的食邑租入，要漕运到长安，吏卒运输费苦；第二，列侯不能治民。因此，汉文帝要求列侯到自己的封国去，既可减轻吏卒运输侯国粮食的负担，也可使列侯能在各侯国教导人民。只有在长安为官吏者或诏书允许不去者，才可以留居长安。

二年冬十月的诏书，列侯并不执行。文帝三年十一月又下诏书："前日诏遣列侯之国，辞未行。丞相朕之所重，其为朕率列侯之国。"周勃免相，遣就国。[2]具体情节是，周勃在陈平去世后，又为相"十余月，上曰：'前日吾诏列侯就国，或颇未能行。丞相朕所重，其为朕率列侯之国。'乃免相就国。"[3]于是周勃

---

[1] 班固《汉书》卷十《文帝纪》。
[2] 班固《汉书》卷十《文帝纪》。
[3] 班固：《汉书》卷四〇《周勃传》。

来到绛侯封国。汉文帝令列侯就国，还有更深层的原因，即周勃诛诸吕，立代王，受厚赏，处尊位，威震天下，功高震主。汉文帝以代王入长安，登上皇帝大位，时常感受到来自功臣的压力。文帝想用贾谊，都受到功臣们的反对。"绛侯为丞相，朝罢趋出，意得甚。上礼之恭，常自送之。"[1]有人认为像周勃这样的功臣，有骄傲之气，皇帝太谦让，有失皇帝威严。从文帝二年、三年两次遣列侯就国，可见列侯多居长安。

景帝时，吴楚"七国兵起，时长安中，列侯、封君行从军旅，赍贷子钱。子钱家以为，侯邑国在关东，关东成败未决，莫肯与"。[2]吴楚七国之乱，列侯封君从军到前线，他们从高利贷者手中借钱。但多数高利贷者认为，这些列侯的国邑在关东，汉朝与吴楚七国之战胜负未定，万一汉朝失败，高利贷者放出去的贷款就收不回来。所以，高利贷者不肯借款给列侯、封君。这也说明文景时，列侯、封君国邑在关东，平时居长安城里的甲第。

汉武帝即位，列侯居长安者，仍然不少，影响其

---

[1] 司马迁《史记》卷一百一《袁盎晁错列传》。
[2] 司马迁：《史记》卷一二九《货殖列传》，第3280页。

执政。魏其侯窦婴、武安侯田蚡都好儒术，推荐赵绾为御史大夫、王臧为郎中令。赵绾王臧"迎鲁申公，欲设明堂，令列侯就国，除关，以礼为服制，以兴太平。举適诸窦、宗室毋节行者，除其属籍。时诸外家为列侯，列侯多尚公主，皆不欲就国。以故毁日至窦太后。太后好黄老之言，而魏其、武安、赵绾、王臧等，务隆推儒术，贬道家言。是以窦太后滋不说魏其等"，列侯多居长安，尚公主，都不想到自己的侯国去，天天到窦太后面前诋毁丞相、太尉、御史大夫、郎中令等。窦太后免丞相、太尉，窦婴、田蚡"以侯家居"长安。[1] 这说明，汉武帝建元年间，列侯多居长安。

以上记载说明，汉初至汉武帝初，列侯多居长安甲第。而且列侯府第规模宏大，武安侯田蚡府第，经常有宾客方士出入。魏其侯窦婴失势，门可罗雀[2]。列侯子孙有居长安者。如李广被免为庶人后，与故颍阴侯灌婴之孙，屏野居蓝田南山中射猎，说明颍阴侯灌婴之孙居长安。

---

[1] 司马迁：《史记》卷一〇七《魏其武安侯列传》，第2843页。
[2] 司马迁：《史记》卷一〇七《魏其武安侯列传》，第2843页；荀悦著，张烈点校：《汉纪》卷一一《孝武皇帝纪二》，第181页。

宣、元、成时，可能旧有府第，依然在使用中。国家为新封的列侯建造新的府第。宣帝本始元年（公元前73年）春封赵充国等五人为列侯，丙吉和许广汉等八人为关内侯；地节三年（公元前67年）夏四月封许广汉为平恩侯，新第落成；元康三年（公元前63年）封张彭祖为阳都侯，丙吉、许延寿等六人为列侯。"封侯益土"，增加户邑[1]，"受官禄、田宅、财物，各以恩深浅报之"。[2] 阳都侯张彭祖等列侯，都当被赐予甲第。

成帝河平二年（公元前27年），汉成帝悉封诸舅为侯，王谭为平阿侯，王商为成都侯，王立为红阳侯，王根为曲阳侯，王逢时为高平侯。五人同日封，故世谓之五侯。五侯"大治第室，起土山、渐台、洞门、高廊、阁道，连属弥望。百姓歌之曰：'五侯初起，曲阳最怒。坏决高都，连竟外杜。土山、渐台、西白虎。'"[3] 汉成帝微行私访，到王根曲阳侯甲第，拜访王根。王根甲第中有园、土山、渐台，类似未央宫中的日虎殿。为了引水到其府第施工人员甚至打通高都水，连接外杜

---

[1] 班固：《汉书》卷六〇《杜周传附子延年传》，第2665页。

[2] 班固：《汉书》卷八《宣帝纪》，第257页。

[3] 班固：《汉书》卷九八《元后传》，第4024页。

水，使成都侯王商、曲阳侯王根府第中有山有水。王侯甲第中，王根的曲阳侯甲第，最为豪华，不仅有土山、渐台，还有洞门、高廊、阁道。渐台，即台在水中。洞门，即重门。高廊，堂下四周屋子。阁道，即栈道。所有这些，都仿效未央宫的建筑。"成都、平阿侯家"，明言成都侯王根、平阿侯王谭府第[1]。汉成帝还光临曲阳侯王根、成都侯王商府第。

（五）汉皇室公主在长安有甲第

长安公主府第甚多，平阳公主、馆陶公主、隆虑公主、阳阿公主等公主府第，很有名。

汉初，《二年律》所载李公主、申徒公主、荣公主、傅公主等，当都在长安有府第。

赵王张敖被废为宣平侯，居宣平侯府第，即宣平贵里。高祖和吕后长女鲁元公主，为赵王张敖的王后，史称赵王敖后，回到长安后当居宣平侯府第。

文帝前元三年（公元前177年），文帝诏令列侯就国，以恩爱和为公卿者可居长安，绛侯周勃子周胜之

---

[1] 班固：《汉书》卷九七下《外戚传下·孝成赵皇后传》，第3994页。

嗣侯，当继承周勃在长安的甲第。周胜之尚文帝女昌平公主，[1]公主当有甲第。[2]

汉武帝建元元年（公元前140年），诏令列侯就国，诸外家为列侯，列侯多尚公主，皆不欲就国[3]。说明列侯、公主长安有甲第，而遥食其国租税[4]。

文帝长女馆陶长公主，堂邑侯陈午尚之，非常富有，卖珠人、宾客出入公主府。公主府中有主管财物的中府。文帝死后，邓通失势负债，公主不断赐邓通。[5]馆陶公主宠幸卖珠人之子董偃，她指示中府，允许董偃每日散发"金满百斤，钱满百万，帛满千匹"。汉武帝率将军、列侯等"临山林"，慰问窦太主。窦太主招待将军列侯从官饮食，并赐予金钱杂缯各有数。应劭注曰："公主园中有山，谦不敢称第，故托山林也。"[6]则公主府，称第。

---

[1] 马端临：《文献通考》卷二五八《帝系九》，中华书局2011年点校本，第2041页。
[2] 班固：《汉书》卷四〇《周勃传》，第2056页。
[3] 司马迁：《史记》卷一〇七《魏其武安侯列传》，第2843页。
[4] 班固：《汉书》卷一一《哀帝纪》如淳注，第336页。
[5] 司马迁：《史记》卷一二五《佞幸列传》，第3193页。
[6] 班固：《汉书》卷六五《东方朔传》，第2853页。

西汉长安的甲第

梁孝王来朝时,"从两骑入,匿于长公主园"[1]。这就是著名的长门园,后献给汉武帝,武帝改名长门宫。

汉景帝有三女,阳信公主、南宫公主、隆虑公主,都居长安,当有府第。平阳侯曹襄[2]尚阳信公主[3],故阳信公主又称平阳公主,后来曹襄有恶疾就国,大将军长平侯卫青又尚公主,则平阳公主在长安有甲第。

景帝中元五年夏六月,天子衣白临第,吊唁成阳公主。成阳公主,钱大昭以为是景帝女[4],也可能为文帝女。

武帝在长陵找到王太后在民间所生金王孙女,以副车载之回长乐宫,赐号修成君,赐予奉(俸)钱千万、奴婢三百人,公田百顷,甲第等,又召平阳主、南宫主、隆虑主三人,俱来谒见修成君。[5]说明景帝三女都在长安,并且有甲第。景帝之子赵王彭祖来"入

---

[1] 班固:《汉书》卷四七《文三王传》,第2210页。
[2] 钱大昭:《汉书辨疑》卷十八,襄与寿古字形相似,而伪为寿,铜熨斗斋丛书本。
[3] 班固:《汉书》卷五五《卫将军骠骑列传》,第2490页。
[4] 钱大昭:《汉书辨疑》卷二一,铜熨斗斋丛书本,第8页。
[5] 司马迁:《史记》卷四九《外戚世家》褚先生补,第2389页。

朝,因帝姊平阳、隆虑公主,求复立丹为太子"[1]。平阳公主、隆虑公主,都有公主府第,当相距不远。隆虑公主相当富有,生前为子昭平君预赎死罪,预交金千金、钱千万给北军。

汉武帝有卫长公主(即当利公主)、夷安公主、阳石公主、诸邑公主、鄂邑盖公主等。前四位公主,食邑都在东方齐国境内,但都居长安公主府第。卫长公主,平阳侯曹襄[2]、乐通侯栾大先后尚公主。汉武帝亲至五利将军栾大之府第,说明卫长公主另有府第。阳石、诸邑两公主,和公孙敬声等都因巫蛊案,下狱被杀,说明其在长安有府第。昭帝时,鄂邑公主使人上书,告渭城令胡建使人射其"甲舍门"。师古曰:"甲舍即甲第,公主之宅。"[3]

宣帝有女阳邑公主、敬武公主、馆陶公主。五凤元年(公元前57年)张建嗣博成侯,成帝建始四年(公元前29年)"坐尚阳邑公主,与婢奸主旁,数醉骂主,

---

[1] 班固:《汉书》卷五三《景十三王传》,第2421页。
[2] 司马迁:《史记》卷五四《曹相国世家》,第2031页。
[3] 班固:《汉书》卷六七《胡建传》,2919页。

免"。[1] 似当在阳邑公主府第。富平侯张临、营平侯赵钦、高阳侯薛宣，先后尚敬武公主。三位列侯都有府第，敬武公主当另有府第。敬武公主在平帝元始年间（1–5）被王莽毒死。

汉元帝有平都公主、阳阿公主、颍阴公主。鸿嘉元年（公元前20年）六月，平都公主杀子，宗正刘庆忌贬官[2]，宗正官署在长安，则长安有阳阿公主府第。成帝与富平侯张放微行，访问平阳公主家，见平阳公主家宫人赵飞燕而悦之[3]。颍阴公主，杜业"成帝初尚帝姊尚颍阴公，无子，薨，业家上书，求还京师，与公主合葬，不许"。[4] 说明平阳公主、颍阴公主，在长安都有甲第。

以上历述长安有丞相、将军、列侯、公主甲第。朝廷还赐外国归降者府第。元康四年车师王乌贵将诣阙，朝廷"赐第与其妻子居"。[5]

---

[1] 班固：《汉书》卷一七《景武昭宣功臣表》，第424页。
[2] 班固：《汉书》卷一八下《百官公卿表》，第527页。
[3] 班固：《汉书》卷九七下《外戚传下·孝成赵皇后传》，第3998页。
[4] 班固：《汉书》卷六〇《杜周传》，第2683页。
[5] 班固：《汉书》卷九六下《西域传下·车师后国传》，第3924页。

三、甲第的营造和赐予

甲第是国家资产，由国家营造，由皇帝赐予丞相、将军、列侯、公主等。当列侯失侯或嗣侯有罪时，国家收回甲第，另赐他人。皇帝赐予甲第，实际是国家分配给将相、列侯、公主的高级住宅。因此这种住宅，具有政治属性，不具备经济属性。这与《二年律》一致。

（一）国家赐予

高祖十二年三月诏书说："王、列侯皆令自置吏，得赋敛，女子为公主、列侯者食邑，皆佩之印，赐大第室；吏二千石，徙之长安，受小第室。"[1]说明国家赐予公主、列侯大第室。

汉六年（公元前201年）高祖大封功臣，都赐予府第。惠帝、吕后赐夏侯婴北阙甲第。汉武帝赐予其同母姊修成君甲第。元鼎四年（公元前113年），汉武帝以二千户，封地士将军栾大为乐通侯，"赐列侯甲第，

---

[1] 班固撰，王先谦补注，上海师范大学古籍整理研究所整理：《汉书补注》卷一《高祖下》，上海：上海古籍出版社，2008年版，第117页。

西汉长安的甲第

童千人,乘舆斥车马帷帐器物,以充其家"[1]。昭帝始元二年(公元前85年)正月壬寅,封霍光为博陆侯,"赐甲第一区"。[2]甲第一区,即高级住宅一所。宣帝元康四年(公元前62年),赐车师王第,与妻子居[3]。元帝赐孔霸第,成帝赐张放甲第。汉平帝时,皇太后赐王莽"故萧相国甲第、楚王邸为安汉公第",当为甲第中的甲第。平帝末,博山侯孔光、安阳侯王舜、广阳侯甄丰等,皆授四辅之职,"畴其爵邑,各赐第一区"[4]。天凤四年(公元17年)王莽封唐林、纪逡为建德侯、封德侯,并"赐弟一区"[5]。一区,一座府第,可能为甲第。

国家赐甲第,有四种情况:第一种,列侯无嗣,或改封后,或失侯后,朝廷收回甲第,另赐他人,重新分配。鲁侯奚涓死事,无后,其母刘疵代为鲁母侯。惠帝七年(公元前188年),鲁母侯刘疵封地被改为重平。高后元年(公元前187年)四月,吕后立外孙张

---

[1] 班固:《汉书》卷二五上《郊祀志上》,第1224页。
[2] 班固:《汉书》卷六八《霍光传》,第2933页。
[3] 班固:《汉书》卷九六下《西域传下》,第3924页。
[4] 班固:《汉书》卷九九上《王莽传上》,第4047页。
[5] 班固:《汉书》卷九九下《王莽传下》,第4149页。

偃为鲁王。鲁母侯甲第，当被吕后赐予外孙鲁王张偃，初置鲁王国，即立鲁侯甲第。鲁王张偃，年少，不之国，居长安甲第。平帝时，王太后以故萧相国甲第为安汉公第，王莽加九锡后，又以楚王邸为安汉公第。第二种，闲置不用的政府衙署，分配给公侯。王莽即位，封孺子婴为定安公，"改明光宫为定安馆，定安太后居之，以故大鸿胪府为定安公第"。[1] 第三种，国家赐予现成的第室。汉元帝赐孔霸关内侯，食邑八百户，号褒成君，给事中，加赐黄金二百斤，第一区[2]。第四种，国家新建宅第。

（二）国家营造甲第

国家出资，为列侯建造甲第，当始于汉六年（公元前201年）十二月分封后不久。汉不仅承秦制，而且承秦建筑。汉五年（公元前202年）后九月开始修治秦朝兴乐宫，名之长乐宫，作为皇宫。当萧何在关中留守时，当兴造贵族的住宅区。汉六年十二月开始封功臣时，可能征用长安旧宅第。大批功臣入关，国

---

[1] 班固：《汉书》卷九九中《王莽传中》，第4101页。
[2] 班固：《汉书》卷八一《孔光传》，第3353页。

家才大规模地营建宅第。这些宅第，是逐步修造完成。

从《功臣表》看，汉朝往往同时立多人为王为侯，如高祖汉六年正月丙午立楚元王交和荆王贾，正月壬子立代王喜和齐王肥，加上赵王张敖，燕王卢绾，长沙王吴芮等。而列侯的国邑，多在王国内，五年十二月甲申封十人为侯，六年正月丙午又封十一人为侯，三月庚子又封八人为侯，六月丁亥封三人为侯。这表明宅第、国土范围、印章绶带等，都是逐步准备的。

为什么要分批次地分封列侯？首先，高帝六年时，代、齐、赵、燕、楚、荆、长沙七大王国，占有广大国土，要从各王国划出支郡或县之民户和国土给予列侯，并非易事。当时，军吏计功，天下国土和民户，不足遍封。汉六年六月，"上已封大功臣二十余人，其余日夜争功不决，未得行封。"诸将往往坐沙中语，张良解释："陛下起布衣，以此属取天下。今陛下为天子，而所封皆萧曹故人所亲爱，而所诛者皆生平所仇怨。今军吏计功，以天下不足遍封，此属畏陛下不能尽封，恐又见疑平生过失，故即相聚谋反耳。"[1] "饮酒争功，醉或妄

---

[1] 司马迁：《史记》卷五五《留侯世家》，第 2043 页。

呼，拔剑击柱"，在所难免[1]。封侯要做很多物质准备，汉初公主、列侯食邑，很少在天子自领十五郡内[2]，而是多在王国境内，从王国划出县邑和民户给予列侯，实非易事。到高祖十年（公元前197年），齐、赵、楚等国内的侯国数量占到三四[3]，说明列侯食邑多在东方各王国内。

其次，有些列侯受封后就国邑即到自己的封国。有些列侯担任公卿大夫，不之国，居长安。因此长安住宅不够，要在长安逐步修造宅第。当国土（含土地）和民户、第宅，都准备完备，才实行分封仪式。分封，从正面说，是分享胜利成果；从反面说，就是分赃，给予受封者土地、民户、住宅、奴婢，否则分封没有意义。一旦准备就绪，就分封一批功臣。高祖十二年诏书回忆道，公主、列侯皆赐大第室；吏二千石，徙之长安，受小第室，当时有计划、分步骤，分批次，逐步分封的。

---

[1] 司马迁：《史记》卷九九《叔孙通传》，第2722页。

[2] 王培华：《西汉初鲁元公主食邑于齐琅琊数县考》，《社会科学战线》，2017年第10期，第75~83页。

[3] 马孟龙：《西汉侯国地理》，上海：上海古籍出版社，2013年，第3~6页，第139页。

西汉长安的甲第

汉朝都城，曾几次迁徙。汉元年（公元前206年）正月，项羽立沛公为汉王，王巴蜀、汉中，都南郑。南郑在今汉中南郑区。四月，汉王就国。汉二年，汉王与诸侯击楚，萧何留守关中，侍太子，治栎阳。他制定约束、立宗庙，立汉社稷、县邑。汉五年，天下大定，高祖初都洛阳，诸侯皆臣属。高祖想长都洛阳，齐人刘敬劝说汉高祖定都洛阳不便，应该定都关中。留侯也劝高祖入都关中，高祖当日起驾，入都关中。七年二月，长乐宫成，丞相已下徙治长安。萧何营作未央宫，立东阙、北阙、前殿、武库、太仓。高祖东征韩王信，击匈奴，回到关中，见宫室壮丽，怒，谓萧何曰："天下匈匈，苦战数岁，成败未可知，是何治宫室过度也？"萧何曰："天下方未定，故可因遂就宫室。且夫天子以四海为家，非令壮丽无以重威，且无令后世有以加也"。[1]由上引文可知，萧何在南郑、栎阳、关中都有兴造宫室建筑之举，最后他主持建造长安城的宫殿、社稷、宗庙，也当建造诸侯王、公主、列侯府第。

---

[1] 司马迁：《史记》卷八《高祖本记第八》。

西汉贵族的甲第与食邑

根据史念海先生主编的《西汉长安城图》（考古、文献）[1]可知，萧何规划、营造长安城时，留出列侯、公主宅第用地，或建造宅第。诸侯王，掌治其国，有治国理民之责。但有些诸侯国王，年少，未之国，居长安。其住宅，就由大司农出资、少府负责施工，来建造邸第。将作少府，掌治宫室。高后元年（公元前187年），吕后封外孙张偃为鲁王，又封济川王太、淮阳王武、常山王朝，"皆年少，未之国，居长安"[2]。《汉书·异姓诸侯王表》说高后元年初置鲁国，四月王张偃；则四月前后，就当准备鲁王邸第，其他三王，也当由国家在长安修造邸第。

汉武帝时，分封列侯，也是由国家出资建造住宅。元狩二年（公元前121年）七月，景帝子胶东康王寄之子庆，立为六安王；元鼎二年（公元前115年）常山宪王舜之子商，立为泗水王；元鼎三年常山宪王舜之子平，立为真定王[3]。元狩六年（公元前117年），大臣

---

[1] 史念海：《西安历史地图集》，西安：西安地图出版社1996年版，第54～55页。

[2] 司马迁：《史记》卷九《吕太后本纪》，第407页。

[3] 班固：《汉书》卷一四《诸侯王表》，第416～418页。

认为,"诸侯支子封至诸侯王,家皇子为列侯",即汉景帝的皇子已经被封为诸侯王,这些诸侯王的儿子又被封为诸侯王,而汉武帝的皇子仅仅是列侯,是尊卑失序,天下失望[1]。大臣们建议,汉武帝封武帝三子闳、旦、胥为王。封王可称国,封列侯可称家[2]。可见武帝三子分封为王前,都是列侯,长安都有侯家侯第;封王后,因年少,仍不之国,居长安之侯第,如武帝子燕王旦"壮大就国"[3]。燕王旦年少时居住在长安燕王邸第,成年后才到燕国。

在确定封王后,封王顺序大致为,史官择吉日,具礼仪,御史奏舆地图,向皇帝请求所立国名。封侯当大致如此。王、列侯,年少,不之国,或任公卿大夫,或以恩爱见留长安,都需要住宅,都需要物质准备和时间准备。元朔六年(公元前123年)霍去病击匈奴有功,封冠军侯。武帝为霍去病"治第,令视之"[4]。

---

[1] 司马迁:《史记》卷六〇《三王世家》,第2109页。
[2] 司马迁:《史记》卷六〇《三王世家》《索隐》,第2110页。
[3] 班固:《汉书》卷六三《武五子传》,第2751页。
[4] 司马迁:《史记》卷一一一《卫将军骠骑列传》,第2523页。

（三）甲第规格和规模

列侯甲第，根据应劭说法，"县官公作，当仰给司农"[1]，即国家兴建的各项工程，由国家财政部门司农司出资，则国家出资修造宅第给列侯，确定无疑。技术设计等则由将作少府负责。《汉书·百官公卿表》云："将作少府，秦官，掌治宫室。有两丞，左右中候。景帝中六年，更名将作大匠，属官有石库、东园主章、左右前后中校七令丞。武帝太初元年更名东园主章为木工。"元朔三、四、五年的少府，分别为孟贲、产和赵禹。因此可知少府、将作大匠负责设计、修造将军府第。

汉哀帝宠幸董贤，"迁董贤父为少府，弟为执金吾，妻父为将作大匠。诏将作大匠，为董贤起大第北阙下"。[2]执金吾，掌京师巡逻。少府、将作大匠为董贤起甲第，就是负责设计和施工。董贤大第，就是国家工程。汉哀帝为董贤兴造甲第受到大臣们的批评。王嘉说，元帝时都内钱四十万万，水衡钱二十五万万，

---

[1] 班固：《汉书》卷八《宣帝纪》及注，第242页。
[2] 班固：《汉书》卷九三《佞幸传·董贤传》，第3733页。

少府钱十八万万。汉元帝赏赐节约，当时库存达八十三万万。哀帝为董贤"治大第，开门乡北阙，引王渠灌园池，使者护作，赏赐吏卒，甚于治宗庙"。董贤甲等位于北阙北，又引王渠水灌溉甲第中的园池。朝廷派人监督工程，赏赐施工人员非常丰厚，比国家建造宗庙时，赏赐还要丰富。董贤家有婚嫁，诸官并共，汉哀帝赐及苍头及奴婢人十万钱[1]。即为董贤起甲第，是少府、水衡出资。孔光指斥董贤父子兄弟"多受赏赐，治第宅，远冢圹，放效无极，不异王制，费以万万计，国家为空虚"[2]。这说明汉哀帝时国家为高安侯董贤营造府第，花费巨大。国家府库为之一空。当然，哀帝为董贤建造大第，属特殊恩宠。但国家为列侯修造宅第，确定无疑。

贵族甲第，既然由国家营造，就当有其工程规格等。汉哀帝为董贤营造甲第，可以看出列侯甲第有规格、有限度，董贤甲第，"重殿、洞门，木土之功穷极技巧，柱槛衣以绨锦。下至贤家僮仆，皆受上赐，及武库禁兵，上方珍宝，其选物上第，尽在董氏。而

---

[1] 班固：《汉书》卷八六《王嘉传》，第3494、3496页。
[2] 班固：《汉书》卷九三《佞幸传·董贤传》，第3739页。

乘舆所服，乃其副也。及至东园秘器，珠襦玉柙，豫以赐贤，无不备具。又令将作为贤起冢茔义陵旁，内为便房，刚柏题凑，外为徼道，周垣数里，门阙罘罳甚盛。"重殿，即前后殿。洞门，即门门相连。土木工程，穷尽技巧，柱子和栏杆，都用粗细不同的丝织品，包裹起来。甚至董贤家的童仆，都受到汉哀帝的赏赐。国家兵器库的武器，上方署的珍宝，各种上等物品，全在董贤家里。而汉哀帝所使用的器物，反倒在其次。东园署制作的棺木，金缕玉衣，都预先赐给董贤，无不具备。汉哀帝让将作大匠，在哀帝陵旁，为董贤建造陵墓，其中有休息室。墓室都用坚硬的柏木积累而成，木头皆向内相聚为椁盖，周围为徼道，周围垣墙数里，门阙及窗棂非常漂亮。董贤宅第，已经超越限度。汉哀帝先为董贤造大第，后来才封董贤为高安侯[1]。

（四）陵县宅第，赐予丞相、将军、列侯、公主

汉朝不仅在长安城里大规模赐予列侯、将军等宅

---

[1] 班固：《汉书》卷九三《佞幸传·董贤传》，第3733~3734页。

第，而且还在长安周边陵县兴造过程中，赐予丞相、将军、列侯、公主宅第。安丘侯张说庶子张叔，为御史大夫，其家在阳陵，其宅第，当为修造阳陵时所赐。

汉武帝时，富民资产三百万以上者，徙茂陵[1]。富豪迁徙陵邑，需自造住宅，时人多不愿徙陵县，大侠郭解就是如此。"及徙豪茂陵也，解贫，不中訾。吏恐，不敢不徙。卫将军为言'郭解家贫，不中徙'。上曰：'解布衣，权至使将军，此其家不贫。'解徙，诸公送者出千余万。"[2] 汉武帝时兴造茂陵，设立茂陵县，迁徙全国富人到茂陵，充实陵县人口和财富。郭解家财产不足三百万，不当在迁徙之列。但是办事官员，迫于朝廷的压力，不敢不迁徙郭解。卫将军为他说话，引起汉武帝更大不满，一介布衣，竟然连大将军卫青都替他说话。这说明郭解家并非穷人。于是汉武帝指示当地官员，务必把郭解迁到关中。诸公赠送他资产达千余万。张汤本居杜陵，武、昭、宣世，其子张安世家，辄随陵迁徙，茂陵、平陵、杜陵凡三徙，最后又回到杜陵。

---

[1] 班固：《汉书》卷九十二《游侠列传郭解》。
[2] 同上。

西汉贵族的甲第与食邑

宣帝元康元年（公元前65年）春，以杜东原上为初陵，更名杜县为杜陵。徙丞相、将军、列侯、吏二千石，訾百万者杜陵[1]。丞相、将军、列侯吏二千万资产百万以上者，可迁徙杜陵。按照惯例，丞相、列侯、将军等迁徙陵县，由国家赐予宅第。《高后惠文景武功臣表》中，功臣列侯第六、七代子孙，有居各陵县的[2]，昭帝平陵，宣帝本始元年（公元前73年）正月，"募郡国吏民资百万以上徙平陵"。富民资产百万徙陵县者，当自置宅第。

汉宣帝为昭帝兴造平陵，为自己兴造杜陵，显示修建陵墓和陵邑，都是国家工程，使用国家经费。而赐予丞相、将军、列侯的宅第，也是国家建筑。宣帝本始二年（公元前72年）春"以水衡钱为平陵，徙民起第宅"。应劭曰："水衡与少府皆天子私藏耳。县官公作，当仰给司农，今出水衡钱，言宣帝即位为异政也。"[3] 按照常例，修建陵墓和陵邑，是国家公共工程，应当由财政部门司农司出资。而汉宣帝用天子之财——

---

[1] 班固：《汉书》卷八《宣帝纪》，第253页。
[2] 班固：《汉书》卷五九《张汤传附孙延寿传》，第2657页。
[3] 班固：《汉书》卷八《宣帝纪》及注，第242页。

水衡和少府私藏，为昭帝修建广陵，属于特例，所以后人认为是"异政"。

汉宣帝以天子私藏为昭帝营造平陵，属特例。水衡和少府，虽属天子私藏，但归根结底，也是国家资财。《晋书·索綝传》："汉天子即位一年而为陵，天下贡赋三分之，一供宗庙，一供宾客，一充山陵。"即一年贡赋三分之一，作为修陵费用。这就揭示了水衡、少府财产的国有属性。修陵，当然包括陵邑中住宅的建造。

汉宣帝元康元年（公元前65年）兴造杜陵。[1]大司农中丞耿寿昌负责营造杜陵，赐爵关内侯，将作大匠乘马延年以劳苦，秩中二千石。主持修陵者都受到赏赐或升迁[2]。耿寿昌"以善为算，能商功利"[3]，后于宣帝五凤四年（公元前54年）奏设常平仓[4]，"利百姓"[5]，河平四年（公元前25年）将作大匠许商、谏大

---

[1] 班固：《汉书》卷八《宣帝纪》，第253页。

[2] 班固：《汉书》卷七〇《陈汤传》，第3024页。

[3] 班固：《汉书》卷二四上《食货志上》，第1141页。

[4] 班固：《汉书》卷八《宣帝纪》，第268页。

[5] 班固：《汉书》卷九〇《严延年传》，第3670页。

夫乘马延世，以"明计算、能商功利"，受命治河[1]。他们都能计算、测度工程，所以宣帝元康元年负责兴造杜陵。

元康元年（公元前65年）徙丞相、将军、列侯、吏二千石资百万者杜陵[2]。按照鸿嘉元年陈汤和解万年的说法，这次迁徙，国家当赐予宅第。修造帝陵，必修造陵邑，必迁富民豪民，必赐丞相、将军、列侯、公主等宅第。汉武帝兴造茂陵和设立茂陵邑、宣帝兴造平陵和杜陵，汉成帝兴造昌陵、设立昌陵邑更是如此。汉武帝不仅赐予丞相、将军等宅第，还赐予冢地。元狩五年（公元前118年）三月丞相李蔡自杀，因为"李蔡以丞相坐诏赐冢地阳陵，当得二十亩，蔡盗取三顷，颇卖得四十余万"。[3] 则赐丞相等冢地二十亩为常例。

朝廷在陵邑赐予将、相、公主、列侯宅第，也是常例。《汉书·成帝纪》载，鸿嘉元年二月壬午（公元前20年4月21日）"行幸初陵，赦作徒，以新丰戏乡为昌陵县，奉初陵，赐百户牛酒。"

---

[1] 班固：《汉书》卷二九《沟洫志》，第1689页。
[2] 班固：《汉书》卷八《宣帝纪》及注，第253页。
[3] 班固：《汉书》卷五四《李广传》，第2449页。

陈汤和将作大匠解万年畅谈时，都主动提出要迁徙到初陵昌陵县。《汉书·陈汤传》载，陈汤，山阳瑕丘（今山东兖州新驿镇东顿村）人。鸿嘉初，陈汤与将作大匠解万年相谈："今作初陵，而营起邑居，成大功，万年亦当蒙重赏。子公妻家在长安，儿子生长长安，不乐东方，宜求徙，可得赐田宅。"陈汤字子公，妻子家长安，儿子出生长安。他们不乐意迁到山阳瑕立，而乐意住在长安。鸿喜元年兴造初陵，又设立昌陵县，陈汤就主动提出要迁徙到昌陵县。陈汤"心利之，即上封事言：'初陵，京师之地，最为肥美，可立一县。天下民不徙诸陵三十余岁矣。关东富人益众，多规良田，役使贫民，可徙初陵，以强京师，衰弱诸侯，又使中家以下得均贫富。汤愿与妻子家属徙初陵，为天下先。'于是天子从其计，果起昌陵邑，后徙内郡国民。"汉初每修皇陵，都迁徙关东富豪到陵县，加强京师，削弱诸侯，均贫富。可见，迁徙郡国豪杰到陵县，他们需要自作居室，而大臣徙居陵县，"可得赐田宅"。

于是，鸿嘉二年（公元前19年）夏，"徙郡国豪杰赀五百万以上五千户于昌陵，赐丞相、御史、将军、列侯、公主、中二千石冢地、第宅,""并于昌陵赐之"[1]。但初陵建设并不成功。永始元年(公元前16年)秋七月,汉成帝诏书云"过听将作大匠万年言,昌陵三年可成,作治五年……终不可成",当时"卒徒功庸,日以万数,至燃脂火夜作,取土东山,与粟同价。作治数年,天下遍被其劳,国家疲弊,府库空虚,下至众庶,嗷嗷苦之"。[2] 原本,预计三年可修成昌陵、实际五年都未修成。原因是工程艰巨,取土费用高昂,每石土的价格,与粮食同价。以致兴造昌陵几年,国家疲弊,府库空虚,百姓嗷嗷苦之。可见施工人员也是国家指派的士卒和佣徒。永始二年十二月诏令停止修造昌陵,徙解万年于敦煌。陈汤与解万年,同时被迁徙到敦煌。从昌陵修造可见,大司农中丞负责钱财,将作少府、将作大匠负责昌陵及其第宅建造,并以陵县第宅赐予丞相、将军、列侯和公主冢地、第宅。

陵邑宅第,是对长安城内宅第的补充。高祖长陵邑中的居民,主要是西汉初年从东方齐国和南方楚国故地迁来的贵族。惠帝安陵邑,则有关东倡优乐人

---

[1] 班固:《汉书》卷一〇《成帝纪》及注,第317页。
[2] 班固:《汉书》卷七〇《陈汤传》,第3014页。

五千户。霸陵邑的情况,有待进一步考古发掘[1]。阳陵邑,汉武帝元狩五年,有丞相李蔡宅第和冢地,武帝时酷吏王温舒、续太史公书的冯商等都居住阳陵。茂陵邑,武帝时三次迁徙全国各地富豪、官吏和资产三百万以上的家族。自武帝至哀、平时,有不少丞相、将军等居茂陵邑、平陵邑、杜陵邑。其中有些自先世迁于陵邑,有些则是当世所赐。主要原因在长安城中生存空间有限,陵邑住宅给予补充。[2]《汉书·地理志》载长陵有户五万,茂陵六万,当有国家赐予丞相、将军、列侯、公主的住宅。班固《西都赋》云:"南望杜霸,北眺五陵,名都对郭,邑居相承。英俊之城,黻冕所兴,冠盖如云。"[3]从长安城可眺望王陵、杜陵。都城正对着北部和东南部。京师和县城相承接。而且这些陵县,朝气蓬勃,贵族黼黻冠冕乘坚策肥,车马冠盖,相望于道,一片繁华。"陵邑一般坐落在陵东或北部,这实际是把帝陵和陵邑组成的陵区视为都城,即如都

---

[1] 刘庆柱、李毓芳著:《汉长安城》,第206~207页。
[2] 王子今:《西汉长安居民的生存空间》,《人文杂志》,2007年第2期,150页。
[3] 范晔:《后汉书》卷四十《班彪列传上》,第1338页。

邑。"[1]

（五）丞相、将军、列侯、公主可改建扩建修缮甲第

国家兴造甲第落成后，列侯才能搬进去，大臣们前往祝贺乔迁之喜。地节三年（公元前67年）夏四月汉宣帝封岳父许广汉为平恩侯，新第落成，"平恩侯许伯入第，丞相、御史、将军、中二千皆贺。"师古曰："入第者，治第新成，始入居之。"[2] 平恩侯第，当为国家出资营造。

朝廷赐列侯府第后，列侯等会自行修葺、扩建。景帝后元三年（公元前141年）三月，汉武帝封田蚡为武安侯，"治宅甲诸第"[3]，甲于诸第，比其他甲第还要好。朝廷赐霍光"第一区"，霍光遗孀显"广治第室"，霍禹、霍山"并缮治第宅"。成帝的五个舅舅，争为奢侈，"大治第室"[4]，王氏五侯，极尽扩大府第规制，皆

---

[1] 刘庆柱、李毓芳著：《汉长安城》，第208页。
[2] 班固：《汉书》卷七七《盖宽饶传》，第3245页。
[3] 班固：《汉书》卷五二《田蚡传》，第2380页。
[4] 班固：《汉书》卷九八《元后传》，第4023页。

属此例。

四、甲第的性质和作用

西汉长安的甲第，是国家财产。大多数甲第，由财政部门司农司出资。少数甲第，由皇帝拿出水衡和少府的钱财营造。但，都是由少府和将作大匠等负责设计、施工，并由皇帝赐予（实际就是分配）。所以，甲第的所有权属于国家，甲第属国家财产。丞相、将军、列侯、公主们在长安和陵县的甲第，都属国家财产，他们只有使用权，其嗣侯可继续使用。当列侯或嗣侯无后、失侯、犯罪，国家收回甲第，另赐他人。

汉高祖所封列侯一百多位，吕后时长安功臣列侯邸第百余所。朝廷赐列侯府第数量相当多。始封侯去世，代侯、嗣侯继承府第。《二年律令·置后律》："疾死置后者，彻侯后子为彻侯……关内侯后子为关内侯"，"死事者，令子男袭其爵"[1]。鲁侯奚涓死事，无

---

[1] 彭浩、陈伟、元藤工男主编：《二年律令与奏谳书——张家山二四七号汉墓出土法律文献释读》，上海：上海古籍出版社，2007年版，第235～236页。

子，其母刘疵代侯。母侯刘疵后被改封重平侯，其甲第当被收回，作为鲁王张偃之府第。淮阴侯韩信在长安的甲第中，有家臣、舍人。韩信被诛杀后，国家自然收回甲第。萧何后代，分别在文帝、景帝和武帝时，三次因罪失侯，景帝、武帝、宣帝时，为报答大功臣萧相国之德，分别续封其孙、曾孙、玄孙。失侯，必然失去甲第。萧何甲第，何时被收归国有尚不清楚，只知萧何甲第于平帝元始元年（公元1年）又被赐予王莽。

汉初高祖所封功臣143人，韩信、彭越、英布等被诛灭，鲁侯奚涓母，即鲁母侯刘疵无后。武帝元鼎五年（公元前112年）南越与汉朝为敌，西羌侵扰边境，汉武帝组织南方楼船卒打击南越，又数万人征发三河以西马匹打击匈奴。"列侯以百数，皆莫求从军（伐南粤）。至饮酎，少府省金，而列侯坐酎金[1]失侯者百余

---

[1] 酎酒，从一月到八月三次追加原料，反复酿造。汉文帝时规定，每年八月在长安祭祀高祖庙，献酎饮酎，诸侯王和列侯要按国内人口数量，贡献黄金助祭，每千口酎金四两，余数超过五百口的也是四两，皇帝亲临受金，少府验收。所献黄金，分量或成色不足，王削县，侯免国。

人。"[1] 国家急难之际，百多各列侯都不报名从军伐南粤。到饮酎酒时，列侯所交的酎金，少府验收，数量不足，因此百多名列侯失去爵位，也失去甲第。汉高祖所封百多名列侯，所剩无几。汉武帝后元元年（公元前88年）列侯"靡有孑遗"。汉宣帝元康年间，"开庙臧，览旧籍，诏令有司求其子孙，咸出庸保之中，并受复除，或加以金帛，用章中兴之德。"[2] 复功臣绛侯等百三十六人家子孙，令奉祭祀。[3] 所谓复家，即蠲除赋税。其中居长安者40人，约40人迁居周边陵县，迁长陵者10人，阳陵者10人，茂陵者11人，霸陵5人。[4] 他们身为庸保，其祖先甲第，早已被收归国有，另赐他人。

汉宣帝前后封侯三十六人。地节四年（公元前66年）夏举国大庆立皇太子，汉宣帝赐"列侯在国者

---

[1]　班固：《汉书》卷二十四《食货志下》，第1173页。

[2]　班固：《汉书》卷十六《高惠高后文功臣表》，第528页。

[3]　班固：《汉书》卷八《宣帝纪》云元康元年（前65），第254页。《汉书》卷十六《高惠高后文功臣表》云元康四年（前62）

[4]　王子今：《西汉长安居民的生存空间》，《人文杂志》，2007年第2期，第150页。

八十七人黄金各二十斤"[1]。这八十七"列侯在国者"，有前代所封列侯。这说明，自汉初至宣帝时，列侯有居长安者，也有居封国者；居长安者，有甲第；列侯失侯，同时失去长安甲第。宣帝时当朝新贵平恩侯许广汉新第落成，丞相、御史、将军、中二千石皆贺，许家设酒宴，庆贺新第落成。只有盖宽饶不去。许广汉请之，盖宽饶才姗姗来迟，视屋而叹美，称："富贵无常，忽则易人，比如传舍，所阅多矣。唯谨慎为得久，君侯可不戒哉！"[2]传舍易人，就是国家收回甲第又赐予他人。盖宽饶的话，揭示了甲第的国有性质。

《汉书》记载王侯、将相、公主家资时，只说户邑多少，钱财多少，不说府第多大。张汤死时"家产直不过五百金"，其子富平侯张安世"尊为公侯，食邑万户，然身衣弋绨。夫人自纺绩，家童七百人，皆有手技作事，内治产业，累积纤微，是以能殖其货，富于大将军光"。弋绨，黑色丝织物。富平侯张安世食邑万户，但生活仍然节俭朴素。夫人亲自纺绩，家中奴婢义百人，都从事手工作事，内治产业成为长安首富。

---

[1] 班固：《汉书》卷八《宣帝纪》，第249页。
[2] 班固：《汉书》卷七十七《盖饶宽传》，第3245页。

"都内别藏张氏无名钱以百万数"[1]。杜周"为廷史,有一马,及久任事,列三公,而两子夹河为郡守,家资累巨万矣。"建平侯杜延年"资数千万"[2]。

文帝之女,武帝之姑,"馆陶公主号窦太主,堂邑侯陈午尚之。陈午死后,公主寡居,年五十余矣,近幸董偃。始偃与母以卖珠为事,偃年十三,随母出入主家,左右言其姣好,主召见,曰:'吾为母养之。'因留第中,教书计相马御射,颇读传记。至年十八而冠,出则执辔,入则侍内,为人温柔爱人,以主故,诸公接之,名称城中,号曰董君。主因推令散财交士,令中府曰:'董君所发,一日金满百斤,钱满百万,帛满千匹,乃白之。'"[3]窦太主,在丈夫堂邑侯陈午死后,寡居,年五十余岁。卖珠人董偃成年后,与公主同居生活,出则执辔,入则待内,长安城中称为董君。窦太主令董君广散钱财,结交士人。汉武帝称他为主人翁。窦太主虽拥有府第及长门园,可主人翁董偃不能支配甲第和园林。窦太主只允许董偃每日散财金满百

---

[1] 班固:《汉书》卷五十九《张汤传附子安世传》,第2652页。
[2] 班固:《汉书》卷六〇《杜周传》,第2661、2665页。
[3] 班固:《汉书》卷六五《东方朔传》。

斤，钱满百万，帛满千匹，以及奢侈享受，斗鸡走狗。

景帝之女隆虑公主临终，以金千斤、钱千万，为子昭平君预赎死罪[1]，并不说其府第如何。窦太主（即馆陶公主）两子陈融、陈季须，在母公主死后，"兄弟争财"[2]，并不说其府第如何。张安世、杜延年、窦太主，都有甲第，但史家都不提其府第如何。司马迁记萧相国，于个人财产方面，只说萧何为自污名声，才强买贱买民田宅、买田宅必居穷僻处，为家不治垣屋，不提萧相国甲第。这是因为，一则太史公司马迁到沛县游历时，所见萧何故居情形，或者当地长老所言；再则，萧何长安甲第，属国家财产，萧相国只有使用权。司马迁到淮阴时，当地长老说，韩信早年为母选择高大宽敞的墓地。另外，在汉代物价中，有买卖田宅记录，没有买卖甲第记录[3]。因为甲第是国家给予丞相、将军、列侯、公主的待遇，不是私有财产。

汉人的社会地位，是政治地位决定的。政治地位，决定车的尺寸和畜力、服饰的材料和颜色，室庐的规

---

[1] 班固：《汉书》卷六十五《东方朔传》第2853、2851页。
[2] 班固：《汉书》卷十六《高惠高后文功臣表第四》，第527页。
[3] 刘金华：《汉代物价考》（二），《文博》2008年第2期，第30页。

制和大小。汉初，天子不能具钧驷（四匹纯色的马），将相或乘牛车；商贾不得衣丝乘车。即使同一层级内部，车、服、室、庐也有不同规定。《平准书》说，到汉武帝时，宗室诸侯公卿大夫，在室、庐、车、服上，僭越等级，无限度。就是指包括但不限于武安侯等在内的贵族，修饰扩大甲第。这就是说，在室、庐、车、服上，不同地位都有不同的规格。

在贵族等级内部，历次赏赐，都是依据政治等级不同而赏赐物品不同。皇帝之下，分为三个层级：第一层，诸侯王、丞相、将军、列侯、王太后、公主、王主、二千石吏。第二层：宗室、诸官吏千石以下至二百石，及宗室子有属籍者；第三层，吏民[1]。第一层中，王居各国王宫，长安有王国邸。王太后位次在公主前，但王太后、王主、二千石，多数时间都不居长安。只有丞相、将军、列侯、公主居长安甲第。这与高帝汉十二年诏及成帝鸿嘉二年的赐第范围基本一致，亦与武帝赐栾大"列侯甲第"语相符。

西汉长安的甲第，不仅是高级住宅，而且是身份、

---

[1] 班固：《汉书》卷一〇《成帝纪》，建始二年二月赏赐条，第305页。

地位的象征，与财富无关。只有丞相、将军、列侯、公主等上层，才能居甲第。甲第是政治附属物，不具备商品性质，汉代文献中，没有甲第交易的记录，因为甲第不是依据财产而拥有，而是政权分配的物品，可以赐予，也可以收回。皇帝赐予甲第，笼络丞相、将军、列侯和公主。因此，赐予甲第，是汉代政治的重要方面，与赐予诸侯王国土和国邑一样重要。既然国家能够赐予丞相、将军、列侯甲第，国家就有权收回甲第。

盛极而衰，物极必反。萧何甲第，二百年后成为安汉公王莽宅第。功臣霍光，仅次于萧何，权极一时，辅佐武帝三十多年，受遗诏辅佐昭帝十多年，擅废立之权，霍光夫人显派人毒杀许皇后。当其全盛时，霍光在未央宫东阙和城西都有甲第，朝廷前后赏赐霍光黄金七千斤，钱六千万，马二千余匹。霍光诸子大肆缮治第宅，霍光夫人显，大治第室，使侍婢用五彩丝挽车，游戏甲第庭院中。霍光夫人显及诸女，昼夜出入上官皇太后的长信宫。后来，朝廷免掉霍山、霍云宿卫，逐出未央宫，让他们就其府第。霍光夫人显半夜惊梦，甲第中井水溢流，第门自坏。霍云尚冠里宅，门户自坏。他们谋划废天子，立霍禹为帝。显上书献出城西第，交马千匹入朝，以赎霍山之罪。法网恢恢，霍云、霍山自杀，霍禹和显被捕，霍禹腰斩，显及诸女皆弃市。一代功臣灰飞烟灭，其甲第亦收回朝廷。

汉初奚涓鲁侯国与张偃鲁王国的变迁
——兼论环境与时局屡变对鲁地风俗的影响

《汉书·地理志下》说:"鲁国,故秦薛郡。高后元年为鲁国。"《地理志》所载只是西汉政区变动的尾声,表示西汉末年的行政区划。[1]实际情况远比《地理志》复杂。汉初山东有鲁侯国,高后元年有鲁王国。两国不是一姓。有学者认为,汉代都于鲁的诸侯王,只有汉景帝子鲁恭王刘余及其后代、东汉光武帝子东海恭王刘强及其后代。[2]也有学者指出,吕后封其外孙故赵王张敖子张偃为鲁王,但并无提及鲁王张

---

[1] 周振鹤:《西汉政区地理》,北京:商务印书馆,2017年,第5页。
[2] 孟祥才、王克奇:《齐鲁文化通史·秦汉卷》,北京:中华书局,2004年,第441页。

偃之前的鲁侯国。[1] 还有学者指出，张家山汉简《二年律令·津关令》中的鲁侯，指鲁王张偃。[2] 学术界关于汉代诸侯食邑、侯国历史地理、齐鲁发展等问题的研究对我们有帮助有启发，但是有些问题，比如，奚涓鲁国（母刘疵代侯）封地在鲁多少年？鲁侯刘疵居长安还是鲁县？鲁王张偃因公主母亲而受封鲁王？还是公主因张偃为鲁王而受鲁元太后谥号？张偃鲁国都鲁多少年？张偃是否继承鲁元公主城阳郡汤沐邑？战国后期和汉初鲁地政局屡变，对鲁地社会风俗有什么影响？这些，尚需进一步探讨。

实际上，战国后期及汉初，鲁地时局变动频繁，楚灭鲁，秦灭楚，鲁为项梁、楚怀王、项羽驻地；高祖六年封功臣奚涓鲁侯国。奚涓死事，无子，母刘疵代侯，即鲁母侯疵。惠帝七年改母侯刘疵封地为重平，高后元年四月置外孙张偃鲁王国，文帝元年废为南宫

---

[1] 安作璋、张汉东:《山东通史·秦汉卷》，北京：人民出版社，2009 年，第 33 页。

[2] 张家山二四七号汉墓竹简整理小组:《张家山汉墓竹简（二四七号墓）（修订版）》，北京：文物出版社，2006 年，第 88 页；臧知非:《张家山汉简所见汉初马政及相关问题》,《史林》2004 年第 6 期；杨建:《西汉初期津关制度研究》，上海：上海古籍出版社，2010 年，第 32 页。

侯。这两国虽是异姓,但却是前后相继的关系,都早于汉景帝子鲁恭王鲁王国。《二年律令》中的鲁侯,指奚涓鲁侯国 – 母侯刘疵鲁国。张偃鲁王国,至少拥有三地食邑:鲁母侯刘疵的侯邑、鲁元公主琅邪食邑和城阳郡汤沐邑。鲁地风俗好学、重礼、谨慎小心,但也有识时务、与时俱进的传统,这有历史文化传统的因素,也有鲁地自然地理环境的因素,更有战国后期及汉初鲁地时局屡变而无改于劳民使民之道的因素。

一、鲁:项梁、楚怀王和项羽鲁公驻地

鲁,周公之国,都曲阜。鲁顷公十八年(公元前262年)楚国攻占鲁地,顷公被改封于莒(今山东莒县),二十四年(公元前256年)楚灭鲁,顷公被迁于卞邑(今山东泗水)。秦王嬴政二十四年(公元前223年)秦灭楚,改为薛郡。秦二世二年(公元前208年)三月,沛公到薛见项梁,项梁给沛公增加五千士卒和十名大将。六月,沛公与项梁共立楚怀王于薛。即,在秦二世时,鲁为项梁、楚怀王驻地。秦二世三年(公元前207年)楚怀王都彭城,以沛公为砀郡长,封

武安侯。以项羽为鲁公，封长安侯。汉五年（公元前202年）十二月，项羽已死，楚地皆降汉，独鲁不下。[1]"怀王初封项籍为鲁公，及其死，鲁最后下。""鲁为楚坚守不下，汉王引诸侯兵北，示鲁父老项羽头，鲁乃降，遂以鲁公号，葬项羽谷城。"[2]鲁地时局变动极大，几易其主，先后为项梁、楚怀王、鲁公项羽驻地。这种时局变动，对鲁地风俗有一定的影响。

二、奚涓鲁侯国→鲁母侯刘疵

汉五年（公元前202年）春八大诸侯王，劝汉王刘邦登皇帝大位，上疏曰："大王先得秦王，定关中，于天下功最多。存亡定危，救败继绝，以安万民，功盛德厚，又加惠于诸侯王有功者，使得立社稷……立有功，平定海内，功臣皆受地食邑，非私之也。"[3] 于是大规模地封王、封侯，王有国，侯有邑。以功臣封王侯者，受地、受食邑。其中，就有鲁侯奚涓。

---

[1] 《史记》卷七《项羽本纪》，中华书局1959年点校本，第337页。
[2] 《史记》卷八《高祖本纪》，中华书局1959年点校本，第379页。
[3] 《汉书》卷一下《高帝纪下》，中华书局1962年点校本，第52页。

西汉贵族的甲第与食邑

奚姓,为夏车正奚仲后代,春秋时鲁境内有奚邑,在薛国东。[1]今枣庄薛城境内,尚有奚公山、奚邑城。[2]奚涓,当为薛城人。薛城近沛,奚涓为沛公舍人。

汉六年(公元前201年)封功臣奚涓为鲁侯,侯邑在鲁县。自汉六年(公元前201年)到惠帝七年(公元前188年)这14年间,鲁为高帝功臣奚涓的侯国。《史记·高祖功臣侯者年表》书:鲁国,"以舍人起沛,至咸阳为郎中。入汉,以将军从定诸侯,四千八百户,功比舞阳侯。死事,母代侯"。高帝"六年(公元前201年)中封,母侯疵元年"。高后"五年(公元前183年),母侯疵薨,无后,国除"。[3]《史记·高祖功臣侯者年表》,不书鲁侯国始封者姓名。但是,有其母亲之名疵。

---

[1] 谭其骧:《中国历史地图集》,上海:中华地图学社,1975年,第27～28页。

[2] 沙雪斌:《奚仲文化研究》,济南:山东友谊出版社,2010年,总序二。

[3] 《史记》卷十八《高祖功臣侯者年表》,中华书局1959年点校本,第917页。

表1 《史记》鲁侯–母侯疵年表

	国名鲁	高祖十二年	孝惠七年	高后八年
侯功	以舍人从起沛，至咸阳，为郎中，入汉，以将军从定诸侯，侯，四千八百户，功比舞阳侯。死事，母代侯。	六年【中】,母侯疵元年		五年，母侯疵薨，无后，国除。

说明：此表记鲁侯的功劳，不记其姓名。但记录鲁母侯的名，疵。
来源：《史记》卷十八《高祖功臣侯者年表·鲁国》，917页。

《汉书》："鲁侯奚涓。重平。六年，侯涓亡子，封母底为侯。十九年薨。"[1] 底，当为疵。《二年律令·置后律》诸死事者以子、女、父、母顺序袭爵。故奚涓死，无子无父，母疵代侯。汉代妇女封侯，始于鲁母侯刘疵，"《史》不书奚涓姓名，殊属疏略。若非《汉表》，几不知【母侯疵】为何人之母矣。妇人封侯，千古仅事。盖自高祖封鲁侯及鸣雌侯许负始，其后如萧何、霍光之妻并封酂侯，樊哙妻封临光侯，刘伯妻丘嫂封阴安侯。……母侯疵元年……母侯之称亦奇，不知何以无谥。"[2]

---

[1]《汉书》卷十六《高惠高后文功臣表》，中华书局1959年点校本，第565页。

[2] 梁玉绳：《史记志疑》卷十一《高祖功臣侯者年表》，北京：中华书局，1985年。

西汉贵族的甲第与食邑

表2 《汉书》鲁侯奚涓－母侯疵年表

号、谥、姓名	侯状户数	始封	位次	子
鲁侯奚涓	以舍人从起沛，至咸阳，为郎，入汉，以将军定诸侯。四千八百户，功比舞阳侯，死军事。	重平六年，侯涓无子，封母底为侯，十九年薨。	七	

说明：书功臣奚涓姓名，改封地，位次。奚涓母亲底，当为疵。
来源：《汉书》卷十六《高惠高后文功臣年表·奚涓》

《史记·高祖功臣后者年表》书鲁侯奚涓事迹简略，赖《汉书》才知鲁侯奚涓姓名。在高祖十八侯位次中，鲁侯奚涓位次第七。[1]汉六年封奚涓为鲁侯，奚涓死事，无子无父，母刘疵代为鲁侯。要之，汉六年，高帝封功臣奚涓为鲁侯，鲁侯国（母刘疵代侯国）历高帝7年、惠帝7年、高后5年，共存续19年。

鲁侯国（母刘疵鲁侯国）封地食邑，前后有变化，高、惠14年，其封地在鲁；高后时5年，其封地在重平。高后元年"四月（元）【初】王张偃，元年。偃，高后

---

[1]《汉书》卷十六《高惠高后文功臣年表》，中华书局1962年点校本，第565页。

外孙"。[1] 此时，鲁母侯刘疵健在，吕后如何安置母侯刘疵？先于惠帝七年将母侯刘疵改其封地为重平，给张偃腾出鲁地。《汉书·功臣表》始封格中有重平。勃海郡有重平县，地在今山东德州陵城区。清人陆锡熊以为，此前，鲁为侯国；高后元年，鲁为王国，故改封奚涓母（底）【疵】为重平侯。[2] 此说确有道理。

三、鲁母侯刘疵居长安，还是鲁县？

——《二年律》鲁侯买马长安，究竟是鲁母侯刘疵？还是鲁王张偃？

鲁母侯刘疵居于长安还是鲁国？有学者认为"按照汉初制度，她不应居留长安"，[3] 而应当居于鲁国。汉初列侯多居长安。笔者认为，鲁母侯疵，居于长安。

---

[1] 《史记》卷十七《汉兴以来诸侯王年表》，中华书局1962年点校本，第816页。
[2] 陆锡熊：《宝奎堂集》卷十，嘉庆十五年松江刻本。
[3] 杨建：《西汉初期津关制度研究》，上海：上海古籍出版社，2010年，第30页。

西汉贵族的甲第与食邑

鲁侯奚涓高祖舍人。"舍人，私府吏员也"[1]，关系比较亲近。汉六年汉高祖在洛阳大封功臣，不久迁都关中，功臣列侯进入长安，韩信、彭越、张敖等几大国王留在东方王国内。高祖十二年三月诏书说，列侯皆令自置吏，王、公主、列侯食邑者"皆佩之印，赐大第室"。[2] 即赐予公主和列侯食邑、长安大第。"通侯居列东第"，通侯列甲第在帝城东，故云东第也。[3] 吕后赐夏侯婴北第第一，近北阙之第，婴最第一。张衡《西京赋》云："北阙甲第，当道直启。"汉高祖六年，到汉武帝初期，列侯居长安，是一个大问题，无论汉文帝、景帝、武帝，都非常头疼。原因在于，第一，列侯居长安，其国邑租入，需要运输到长安，吏、卒运输劳苦。第二，列侯居长安，无法治理其封国及国民。《汉书》卷十九上《百官公卿表上》说："诸侯王，高帝置，金玺盭绶，掌治其国。有太傅辅王，内史治国民，中尉掌武职，丞相统众官，群卿大夫都官如汉朝。"第

---

[1]《汉书》卷九九《王莽传上》师古注，中华书局1962年点校本，第4048页。

[2] 王先谦：《汉书补注》，清光绪刻本，高帝纪第一下。

[3]《史记》卷一一七《司马相如传》，中华书局1959年点校本，第3045页。

三,汉文帝、景帝、武帝初期的执政,或者受到功臣的制约,或者受到外戚的牵制,文帝、景帝、武帝都要列侯到封国去,不要留居长安。

高后七年(公元前181年)齐人田生到长安,"观诸侯邸第百余,皆高帝一切功臣"。[1]汉文帝二年冬十月诏书说:"今列侯多居长安……其令列侯之国,为吏及诏所止者,遣太子。"三年十一月汉文帝亲自对周勃说:"前日计遣列侯之国,或辞未行。丞相朕之所重,其为朕率列侯之国。绛侯勃免丞相就国"。[2]即在汉文帝三年十一月强令丞相绛侯周勃,率先就国前,列侯多居长安,不之国,因此,汉六年至吕后五年,鲁母侯刘疵未居鲁,未居重平,而是居于长安。

汉初百物稀缺,天子不能具钧驷,将相或乘牛车,米价至石万钱,马一匹百金。为防止马匹流入东方以资诸侯,汉律规定,买马关中,需朝廷允许。张家山汉简《二年律令·津关律》廿二:"丞相上鲁御史书言,鲁侯居长安,请得买马关中。丞相、御史以闻,制曰可。""丞相上鲁御史书,请鲁中大夫谒者得私买马关

---

[1] 《汉书》卷三五《荆燕吴传》,中华书局1962年点校本,第1901页。
[2] 《史记》卷十《孝文本纪》,中华书局1959年点校本,第425页。

中，鲁御史为书告津关。""丞相上鲁御史书，请鲁郎中自给马骑，鲁御史为传。"整理者认为，鲁侯指鲁王张偃。[1]

  我们不同意这种说法，认为鲁侯指鲁母侯刘疵。首先，汉初规定，皇室成员的汤沐邑，在关东诸侯王国内。如果想在关中买骑、轻车、吏乘、设置邮传马匹，有具体要求。而且是由丞相、御史上报皇帝、皇帝批准。《二年律令·津关律》廿一："丞相上长信詹事书，请汤沐邑在诸侯，属长信詹事者，得买骑、轻车、吏乘、置传马关中，比关外县。丞相、御史以闻，制……。"长信宫，位于长乐宫中，为皇太后所居。汤沐邑在诸侯王国内者，不仅有属于长信宫的，还有属于其他人的，比如皇帝、太子、公主的汤沐邑。如至少在惠帝二年，齐王肥献城阳十郡时，鲁元公主可能只有琅邪等数县城作为食邑，而无汤沐邑。齐王肥献出城阳十郡，鲁元公主才有汤沐邑。而且这些皇室公主的汤沐邑在关东，特别是诸侯王国内。皇室高级成员，人居住长安，而汤沐邑在关东诸侯国中，想要在关中购置

---

[1] 张家山二四七号汉墓竹简整理小组：《张家山汉墓竹简（二四七号墓）(修订版)》，文物出版社2006年，第88页。

车、马、骑等，由于马属于战略物资，有可能输送到关东地区，因此，买马买车等都需要朝廷批准，列侯居长安者，想要购置车、马、骑等，更须朝廷批准。

其次，吕后费心费力，封外孙张偃为鲁王，绝不是封张偃为鲁侯。关于《二年律令》制定年代，近年来，学者们倾向认为汉律有一个形成过程[1]，汉五年部分律令制定施行[2]，惠帝六年、七年还增订旧本，吕后二年前也有增订；[3]张家山汉简是抄本，抄录于高祖五年至吕后二年。[4]我们认为，鲁侯当指鲁母侯刘疵，鲁御史、鲁中大夫、鲁郎中都是鲁侯国官员。母侯刘疵居长安，鲁母侯疵年长，孤单，出入乘车，关中马少、金贵，买马需朝廷允许，鲁御史上报丞相为鲁母侯疵买马等

---

[1] 高敏：《张家山汉墓竹简〈二年律令〉中诸律的制作年代问题试探》，《史学月刊》2003年第9期。

[2] 张忠炜：《二年律令年代问题研究》，《历史研究》，2008年第3期。

[3] 晏昌贵：《〈二年律令·秩律〉与汉初政区地理》，《历史地理》2006年第1期；黄锦前：《〈张家山汉简〉之〈置吏律〉、〈户律〉、〈效律〉、〈傅律〉、〈置后律〉、〈爵律〉校释》，导师陈伟，武汉大学2005年学位论文；马孟龙：《张家山二四七号汉墓〈二年律令·秩律〉抄写年代问题》，《江汉学刊》2013年第2期。

[4] 李力：《〈二年律令〉题名之再研究》，卜宪群、杨振红主编《简帛研究》，桂林：广西师范大学出版社2004年，第156页。

事，丞相上报朝廷，朝廷批准。

我们可以从吕后要封吕产为王的难度、操作的过程，来看吕后想封外孙张偃为鲁王的难度。吕后王诸吕、王张偃不是一帆风顺的，而是费很多手段、用很多心思来操作此事。吕后兄弟吕泽、吕释之，皆为将，被封为周吕侯、建成侯。吕泽死于高祖八年，吕释之死于惠帝二年。"吕后为人刚毅，佐高祖定天下，所诛大臣多吕后力"，对刘邦事业有极大帮助。当时，吕泽之子吕台为郦侯，吕产为交侯，无将相之位置。

吕后年长，担心吕家侄子势力弱小，惠帝死后，吕后问右丞相安国侯王陵是否可以立诸吕为王。"安国侯既为右丞相，二岁，孝惠帝崩。高后欲立诸吕为王，问王陵，王陵曰：'不可'……吕太后大怒，乃佯迁陵为太傅，实不用陵。陵怒，谢疾免，杜门竟不朝请，七年而卒。"[1] 右丞相王陵，不同意立诸吕为王，其理由是此举违背高帝与诸功臣的约定。吕后元年（公元前187年），"太后称制。议欲立诸吕为王，问右丞相王陵。王陵曰：'高帝刑白马盟曰：'非刘氏而王，天下共击之。

---

[1] 司马迁：《史记》卷五六《陈丞相世家》。

今王吕氏，非约也。'太后不说，问左丞相陈平、绛侯周勃。勃等对曰：'高祖定天下，王子弟。今太后称制，王昆弟诸吕，无所不可。'太后喜。"[1] 汉高祖曾与诸功臣侯约定："非刘氏而王，天下共击之。"只有刘氏才能立为诸侯王。吕后想立吕产为王，违背高祖的约定，首先遇到右丞相王陵的反对。

吕后后来成功地立诸吕为王，是因为她取得陈平、周勃的支持。陈平和周勃的支持，不是主动的，是吕后所信任的大谒者张卿动员的结果。张卿能去动员陈平、周勃，是因为齐人田生的游说。齐人田生，为营陵侯刘泽设计，才西入长安，租借一处大宅第。田生有求于吕后，他不能直接见到吕后，而是从吕后身边最信任的大谒者张卿下手。田生让儿子请张卿莅临他租借的长安大宅。田生请张卿喝酒，酒酣，田生屏退众人，私下里对张卿说：

> 臣观诸侯王邸弟百余，皆高祖一切功臣。今吕氏雅故本推毂高帝就天下，功至大，又亲戚太

---

[1] 司马迁：《史记》卷九《吕太后本纪》。

后之重。太后春秋长,诸吕弱,太后欲立吕产为吕王,王代。太后又重发之,恐大臣不听。今卿最幸,大臣所敬,何不风大臣以闻太后,太后必喜,诸吕已王,万户侯亦卿之有。太后心欲之,而卿为内臣,不急发,恐祸及身矣。[1]

田生的意思是吕氏家族势力弱,吕后有意加强吕氏家族权力,但她很难亲自开口,即使她亲自开口,大臣也不听。张卿作为吕后最信任的谒者,理当为吕后分忧,应当提前跟各位大臣打招呼,做动员工作让大臣们主动提出立吕后侄子吕产为吕王。

张卿大然之,乃奉劝大臣左丞相陈平、太尉周勃语太后。"太后朝,因问大臣",大臣左丞相陈平、太尉周勃"请立吕产为吕王"。太后赐张卿千斤金,张卿以其半与田生,田生弗受。[2]

得到陈平、周勃的表面支持,吕后开始实施封诸吕为王。果然,吕产受封为王,张卿被封为建陵侯,

---

[1] 司马迁:《史记》卷五一《荆燕世家》,第 2408 页。
[2] 司马迁:《史记》卷五一《荆燕世家》,第 2408 页。

吕后赏赐张卿金千金。[1] 吕后想立吕家侄子为王，会遭到大臣反对。田生劝张卿，动员朝廷大臣，主动提出立吕氏为王。就是陈平、周勃这两位大臣主动提出立吕产为吕王。

从吕后立吕王的难度和过程可见，吕后根本不满足吕家侄子封侯，还要封王。如果说，《二年律令·津关律》的鲁侯是指张偃，岂不让吕后大失所望！清人牛运震看得清楚，"《吕太后本纪》一篇大旨，只在吕后王诸吕、危刘氏，以及大臣诛吕安刘之事"[2]，吕后一生事业是佐高祖定天下、灭功臣、残刘氏、封王诸吕和张偃。

汉丞相和鲁御史，不可能误会王、侯之别。唯鲁母侯刘疵居长安，她的出行买马、身体安康和不能置后等情况，尽在吕后掌握中。吕后为人刚毅，可她懂人情世故，她欲王诸吕等，总是先封功臣和刘氏为侯王，以示恩宠。为讨得鲁母侯刘疵老太太的欢心，关注老太太置办传马等事，也是示恩宠拉拢的小手段。

---

[1] 司马迁：《史记》卷五一《荆燕世家》，第 2408 页。
[2] 牛运震撰、崔凡芝校释：《空山堂史记评注》，北京：中华书局，2012 年版，第 108 页。

高祖功臣侯者百有余人，唯鲁母侯无后，势单力薄，其身故后国绝，才能再封张偃为鲁王。故惠帝七年（公元前188年），吕后将鲁母侯疵封地改为重平，并初置鲁国，高后元年（公元前187年）四月封张偃为鲁王，移枝接木。

汉代的封王建国是实封，只有侯国户绝或犯罪国除，才能在同地继续封侯或封王。薛郡鲁县，距离沛县、单县近，封地食邑近故乡。鲁母侯健在，无后，吕后才将其侯国封地改为重平，但是，鲁侯还居于长安。

四、鲁母侯刘疵墓的考古发现和食邑租入推测

高后五年（公元前183年）母侯疵薨，无后。按照《二年律令·置后律》，鲁母侯刘疵在夫、子去世后，无其他子女，不置后，身亡户绝，国除。鲁母侯刘疵卒后，葬于东海郡刘氏家族墓地（今山东临沂兰山区南坊街道洪家店村）。1978年，在山东临沂岔河公社洪家店大队砖瓦厂，发现西汉刘疵金缕玉套，仅有面罩帽、手套、脚套，玉片质量良好，金缕色泽鲜明；玛瑙印章一枚，阴文篆书刘疵二字。当时临沂地区文

物组认为，墓主似是刘姓皇室后裔，未得皇室封爵就已经死去。[1] 可能当时考古工作者未及细读文献。其实，墓中出土奁等物品，亦能证明墓主人为女性。后来，有进一步的说法，墓主人或为奚涓之母刘疵。[2]

鲁侯奚涓食邑4800户，母刘疵代侯，即拥有其封户和田宅，征收国内赋税，《史记·五宗世家》："高祖时诸侯皆赋"；《汉书·高帝纪》高祖汉十二年诏，诸侯王及列侯"皆令自置吏，得赋敛"。《汉书·百官公卿表》讲，群卿大夫，都官如汉朝。汉代列侯"封者食租税，岁率户二百，千户之君则二十万"，[3] 如岁率户二百钱赋，则鲁母侯疵每年当有近十万钱收入；再，鲁侯食邑有4800户，如按五口之家百亩之田亩产一石半，十一税十五石，[4] 十一税当交十石半，则鲁母侯疵每年租谷收入，就有五万四千石。

汉代谷价，依时间、地区、收成等，各有不同，大致中间价位石米百钱，鲁母侯疵每年当五百万钱。

[1] 临沂地区文物组：《山东临沂西汉刘疵墓》，《考古》，1980年第6期。
[2] 《山东临沂出土汉代早期金缕玉衣墓主或奚涓之母》，《齐鲁晚报》，2010年5月1日。
[3] 《史记》卷一二九《货殖列传》，中华书局1959年点校本，第3272页。
[4] 《汉书》卷二四《食货志上》，中华书局1962年点校本，第1125页。

西汉贵族的甲第与食邑

匡衡多收租谷千余石值十金以上计[1]，即以百石值十金计，其每年最低租谷收入价值五百金。"百金，中人十家之产"[2]，则其每年租谷收入当中等人家五十户一年的总财产。鲁母侯疵算是大富了。

奚涓位在第七，可鲁母侯疵死后，无谥号，鲁侯国爵邑随之而去，只留下铜弩机、3把铁剑、戋、耳杯、金缕玉套、半两钱八十枚，及玛瑙印章一枚等。按规定，朝廷赐诸侯黄金印、大第，而鲁母侯刘疵的印章为玛瑙，金缕玉套的"玉片很薄，细腻光亮，有的背面有纹饰痕迹，系用玉璧、玉佩等改制"。[3]这不仅说明，汉初玉衣制作处于初级阶段，而且还说明鲁母侯疵不能完全自主地支配其财富。

不仅如此，母侯疵晚年，封地被改为重平。如果鲁母侯疵不居长安，而是居鲁，其租谷收入就在鲁国，每年光租谷收入就相当于中人五十户的总收入，一个孤老太能消费多少？岂能玉衣都得用饰品改制、且玉

---

[1] 《汉书》卷八一《匡衡传》，中华书局1962年点校本，第3346页。
[2] 《史记》卷十《孝文本纪》，中华书局1959年点校本，第134页。
[3] 山东临沂文物组：《山东临沂刘疵墓出土金缕玉罩等》，《考古》，1980年，第2期。

片很薄？连朝廷颁赐的黄金印章都保不住，而只有玛瑙印章？汉宣帝时海昏侯刘贺封户4000，可其墓葬出土数百件金器、数十吨铜钱。[1] 鲁侯奚涓封户4800，鲁母侯刘疵的收入，与海昏侯刘贺之收入相比，真乃天壤之别。这些，都说明鲁母侯刘疵长期居长安，受制于人。忆昔高祖封奚涓为鲁侯，割符封爵，受山河之誓。生著其号，亡以母刘疵代侯，封赏不小。十九年后，鲁母侯刘疵卒，无后，国除，朽骨孤于墓，天地空悠悠。

惠帝七年初置鲁国[2]，高后元年四月封张偃为鲁王。[3] 自汉六年（公元前201年）开始，鲁是高祖功臣鲁侯奚涓的侯邑，其国共存续19年，其中鲁侯国封地食邑在鲁14年，其后鲁县为张偃鲁王国，直到文帝元年废鲁王张偃，改为南宫侯。

---

[1] 温乐平：《西汉海昏侯国的租税收入蠡测》，《中国人民大学学报》，2016年第6期。
[2] 《史记》卷十七《汉兴以来诸侯王年表》，中华书局1959年点校本，第816页。
[3] 《汉书》卷十三《异姓诸侯王表》，中华书局1962年点校本，第380页。

表3 《史记》卷十七《汉兴以来诸侯王年表》之吕后外孙鲁王张偃年表

惠帝七年	高后元年	二年	……	八年	文帝(前)元元年
初置鲁【王】国	四月,初王张偃。元年。偃,高后外孙,故赵王敖子。				废为侯

来源:《史记》卷十七《汉兴以来诸侯王年表》,中华书局,2014年版,816~826页。

五、张偃鲁王国和鲁元公主谥号之由来

惠帝七年(公元前188年),鲁母侯疵封地被改为重平,高后为张偃设立鲁王国。《史记》卷十七《汉兴以来诸侯王年表》记,惠帝七年(公元前188年)"初置鲁国"。前已有鲁侯国,此当为"初置鲁王国"。高后元年(公元前187年)四月初王张偃。[1]即以张偃为鲁王。

说到张偃,必及其父张敖和母鲁元公主。鲁元公主,又称长公主、赵王敖后。惠帝二年(公元前193年)

---

[1] 《史记》卷十七《汉兴以来诸侯王年表》,中华书局1959年点校本,第816页。

齐王刘肥尊鲁元公主为齐王太后。高后元年（公元前187年）四月，公主死后，又受谥号为鲁元公主。我们必须搞清楚一个问题，是张偃因母长公主而受封鲁王，还是长公主因其子为鲁王而受鲁元太后谥号？后来史家才称其为鲁元公主。

张偃之父为张敖，赵王张耳之子。汉五年（公元前202年）嗣位为赵王，尚配高祖与吕后之女，九年（公元前198年）被降为宣平侯。汉九年冬十二月高祖行如洛阳，赵相贯高等谋逆发觉，汉高祖逮捕贯高等，并捕赵王张敖下狱。春正月，废赵王敖为宣平侯，继续尚鲁元公主如故。徙代王如意为赵王，王赵国。[1]

鲁元公主并非张敖元妻。张敖与前妻有一女二子。一女，后来成为汉惠帝的皇后，即张皇后。惠帝四年冬十月，"宣平侯女为孝惠皇后"，[2] 高后八年四月丁酉，"高后为外孙鲁（元）王偃年少，蚤失父母，孤弱，乃封张敖前姬两子侈为新都侯、寿为乐昌侯，以辅鲁（元）王偃"[3]，即张敖与前姬生有二子，一为张侈，一为张寿。

---

[1]《汉书》卷一下《高帝纪下》，中华书局1962年点校本，第67页。
[2]《史记》卷九《吕太后本纪》，中华书局1959年点校本，第402页。
[3]《史记》卷九《吕太后本纪》，中华书局1959年点校本，第405页。

"敖子，以鲁元公主封"。[1] 就是说，张敖两子，以张敖前姬之子，为鲁元太后继子而受封，二侯并在汉文帝元年有罪，国除。

张偃何时被立为鲁王？张偃被封为鲁王，不来自其父，而来自其母。后世史家讥刺张偃，不继父而继母为王，恰恰是他们不了解汉制。《通鉴》卷十三《汉纪五》，高后元年"夏四月，鲁元公主薨；封公主子张偃为鲁王，谥公主曰鲁元太后。……六年宣平侯张敖卒，赐谥曰鲁元王"。公主卒、立张偃为鲁王、赐予公主谥号鲁元太后、张敖死后获鲁元王谥号，是四个紧密联系、前后相继的事件。

颜师古"以公主为齐王太后，故立其子为王"；"偃因母为齐王太后而得王，非母因偃乃为太后"。确有道理。惠帝二年（公元前193年），齐王肥到长安朝见吕后，并献出城阳郡给吕太后。吕太后以城阳郡为鲁元公主汤沐邑。齐王肥尊公主为齐王太后，齐王以母礼事之。公主辈分升级为齐王太后。高后元年（公元前187年），张偃之母亲，已经是齐王太后，唯一的

---

[1] 《史记》卷十九《惠景间侯者年表》，中华书局1959年点校本，第992页。

亲生儿子仍不是王,岂有此理?所以,吕后封张偃为鲁王,显然以张偃继公主之后。吕祖谦批评吕后做法:"敖尚无恙而封偃鲁王者,继公主之后也。敖死始从公主之谥,追封鲁元王,不使子继父而继母。"[1] 吕祖谦显然是从后代男尊女卑的角度而说的,不符合汉代实际,但他确实抓住问题的实质,即张偃是作为长公主母亲的继承人,而被封为鲁王的。

高后七年(公元前181年)六月"宣平侯张敖卒,以子偃为鲁王,敖赐谥为鲁元王"。[2] 宣平侯张敖被赐谥号鲁元王,实因其子为鲁王。因母为齐太后,子张偃受封为鲁王;又因子为鲁王,公主受谥为鲁元太后,张敖受谥为鲁元王。鲁元公主,非生前之号;鲁元太后,非虚加之号。司马迁有时称张偃为鲁王,《表》中又称鲁元王,是他审核不精。《汉书·张耳传》:"吕太后立敖子偃为鲁王,以母为太后故也。……高后崩,大臣诛诸吕,废鲁王及二侯。孝文即位,复封故鲁王偃为南宫侯。薨。"班固看问题还是准确的,抓住了真相。惠帝二年,齐王肥已尊公主为齐太后,齐太后亲子岂

---

[1] 吕祖谦:《大事记》卷七,四库全书本。
[2] 《史记》卷九《吕太后本纪》,中华书局1959年点校本,第404页。

西汉贵族的甲第与食邑

能不称王？

张偃鲁王国，不是继承其父宣平侯张敖，而恰恰因为其父失去赵王国，被废为宣平侯，使吕后外孙张偃无王位可以继承。高祖又徙宠姬戚夫人的儿子代王如意为赵王，王赵国，才让吕后痛恨高祖庶子赵王如意。

汉初五年"论功行赏，群臣争功，岁余不决"。[1] 汉六年"已封大功臣二十余人，其余日夜争功不决"，原因是"军吏计功，以天下不足徧封"，"诸将往往相与坐沙中语"，几乎酿成乱局。[2] 汉初群臣争功，实质是争地争民争租户争财富。分封制，就是皇帝和功臣侯的分肥制、分赃制。《史记·汉兴以来诸侯王表序》说，当时大侯万户，小侯五六百。汉有十五郡，诸侯之地大者或五六郡，连城数十。《汉书·诸侯王表序》云："（高帝末年）藩国大者夸州兼郡，连城数十，公室百官，同制京师。"诸侯收入可观，列侯"封者食租税，岁率户二百，千户之君则二十万"[3]，这只是"举其

---

[1]《汉书》卷三九《萧何曹参传》，中华书局1962年点校本，第2008页。
[2]《史记》卷四〇《留侯世家》，中华书局1959年点校本，第2042页。
[3]《史记》卷一二九《货殖列传》，中华书局1959年点校本，第3686页。

大略耳"。[1]而长安城中"诸侯王邸、第百余，皆高帝一切功臣"。[2]高后时，列侯幸得赐餐钱、奉邑。[3]功臣列侯府第、诸侯王第壮丽，车马衣轻裘，冠盖相望。可是赵王张敖被废为宣平侯，鲁元公主食邑少，吕后外孙张偃无王府、无王位，吕后岂能甘心！

汉十二年（公元前195年）四月高帝死时，七子为王：齐王肥、赵王如意、代王刘恒、梁王恢、淮阳王友、淮南王长、燕王建。这都是吕后忧虑和痛恨的。吕后既要封王诸吕，又要照顾鲁元公主，封王张偃。吕后杀韩信和彭越，残害诸姬子，"吕后最怨戚夫人及其子赵王"[4]，原因有二。其一，戚夫人受宠，其子赵王如意几代太子者数矣，戚夫人与吕后有隙，戚夫人与如意为吕后第一大忌恨，尽人皆知。其二，汉九年"春正月，废赵王敖为宣平侯，徙代王如意为赵王，王赵国"。[5]此乃吕后第二大忌恨。

---

[1] 钱大昕：《廿二史考异》史记卷五，上海：上海古籍出版社，2014年，第85页。
[2] 《史记》卷五一《荆燕世家》，中华书局1959年点校本，第1995页。
[3] 《汉书》卷三《高后纪》，中华书局1962年点校本，第96页。
[4] 《史记》卷九《吕太后本纪》，中华书局1959年点校本，第397页。
[5] 《汉书》卷一下《高帝纪》，中华书局1962年点校本，第67页。

赵王国立于汉五年，废于九年，为黄河以北第一大国，地位何等尊崇！资财何等富裕！《史记·货殖列传》："邯郸，亦漳河之间一都会也。"《汉书·食货志》以邯郸为全国五大都会之一。[1]高帝藐视赵王张敖，又在赵国境内设置17个侯国，[2]削弱赵国势力和资源，又将其降为宣平侯，此时张敖能有多少封户？平帝元始二年张敖玄孙庆忌被封宣平侯，食千户，[3]推测张敖食邑一二千户，长公主只有食邑数城，其消费水平似比吕后还高，吕后用五百金从会稽人朱仲买三寸珠，公主复私以七百金从朱仲求四寸珠，[4]鲁元公主求耳珠或耳珰，朱仲献四寸珠而去。[5]《列仙传》其书伪，其事不伪，汉皇室是珍珠消费的主要群体，这是毫无异

---

[1] 顾炎武著，陈垣校注：《日知录校注》卷二二，合肥：安徽大学出版社，2007年。
[2] 马孟龙：《西汉侯国地理》，上海：上海古籍出版社，2013年，第124页。
[3] 《汉书》卷三三《张耳传》，中华书局1962年点校本，第1842页。
[4] 刘向著，王叔岷：《列仙传校笺》北京：中华书局，2007年，第88页。
[5] 刘勰著，黄叔琳注，李详补注，杨明照校注拾遗：《增订文心雕龙校注》卷三《杂文第十四》，中华书局，2012年，第187页。

议的,[1] 这种高消费,必须有足够的物质财富来支撑。高祖九年废赵王张敖,徙宠姬戚夫人子代王如意为赵王,这就是抢夺鲁元公主地位和财产。

吕后因女和外孙,极力维护赵王张敖,"吕后数言张王以鲁元公主故,不宜有此"。吕后坚决杀韩信、彭越,"所诛大臣多吕后力"[2],吕后坚决维护张敖,不是因为张家有功于汉,而是因为自己的女儿和外孙,即鲁元公主和张偃。

要说念其有功,张耳、张敖岂能跟韩信、彭越相比?在汉初十八侯中,张敖位列第三,《史》《汉》都有记载。但是,这并非汉高祖所封,而是吕后二年(公元前186年),陈平迎合吕后而曲升之。[3] 颜师古说:"张耳及敖并无大功,盖以鲁元之故,吕后曲升之也。"[4] 这是树立吕氏亲属在汉史中的地位,也是让张偃有光辉

---

[1] 《汉书》卷六五《东方朔传》载窦太主宠幸董偃,董偃母亲卖珍珠出入主家,卷七六《王章传》载其妻子徙合浦,采珠致产数百万。
[2] 《史记》卷九《吕太后本纪》,中华书局1959年点校本,第396页。
[3] 范国强:《张敖入汉初十八元功之臣考论》《贵州社会科学》,2010年第8期。
[4] 《汉书》卷十六《高惠高后文功臣表》,中华书局1962年点校本,第596页。

的家史。

高祖立赵王如意,本以爱之,实害之。高祖担心他去世后,十岁的赵王如意不能自全,选"坚忍,质直,且自吕后、太子及大臣皆素敬惮"的周昌为赵王相。从前,周昌坚决不奉诏废太子立如意,吕后跪谢周昌。

高祖晚年,用御史大夫周昌为赵相保护赵王吕后三次征召赵王到长安。周昌屡次令赵王称病,不至长安。吕后怒斥:"尔不知我之怨戚氏乎?尔不遣赵王,何?"[1]周昌受到斥责。吕后先派人把赵相周昌征召到长安,再派人征召赵王如意到长安。惠帝知道吕后怨恨赵王,就让赵王住在未央宫,亲自照顾赵王如意的饮食起居。吕后想杀赵王,可是没有机会。惠帝元年十二月(公元前194年1月)惠帝晨出打猎,赵王年少不能早起。得知赵王独自一人时,吕后派人送毒酒毒死赵王如意。母一辈有夺宠夺嫡之隙,子一辈又有夺王夺后之隙,况以戚姬十岁子夺几十岁女婿之赵国,吕后是可忍孰不可忍!吕后七年(公元前181年)正月杀赵王友,徙梁王恢为赵王,以吕产女为赵王友杀

---

[1]《史记》卷九六《周昌列传》,中华书局1959年点校本,第2679页。

王后，赵王恢被逼迫自杀。吕后"比杀三赵王，灭梁、赵、燕以王诸吕，分齐为四"。吕后大搞刘吕联姻：请吕女为赵王友后，杀死赵王友幽后，又徙梁王恢为赵王，吕产女为赵王后。"王后从官皆诸吕，擅权。"高后七年（公元前181年），"赵王友幽死于邸。三赵王既废，高后立诸吕为三王，擅权用事。"[1] 又以吕须女为刘泽为妻，吕禄女为刘章之妇。又欲徙代王刘恒为赵王，代王谢，原守代边。[2] 赵国，实为高帝三子死亡之国，直到吕后立吕禄为赵王为止。高祖废赵王张敖，徙如意为赵王；吕后比杀三赵王，王吕氏，齐、赵两国，在高祖死后，都成为吕后必争必得之地。

张偃鲁王国的封地，不仅有其母亲长公主城阳郡汤沐邑，而且有母侯刘疵改封重平后腾出的鲁国封户。高后元年四月鲁元公主卒，宣平侯张敖尚在，外孙张偃年幼丧母，无王侯之位可嗣，吕后何以解忧？吕后早就提前做好准备，惠帝七年（公元前188年）改鲁母侯刘疵封地为重平，初置鲁国，高后元年（公元前187年）四月鲁元公主卒，马上就立张偃为鲁王。吕

---

[1]《汉书》卷三十八《高五王传·齐悼惠场》。
[2]《史记》卷九《吕太后本纪》，中华书局1959年点校本，第404页。

后要安置其外孙，只有找身边力量最孤弱者下手，把鲁母侯刘疵孤老太太封地食邑，提前改封重平，给张偃腾出鲁地。而鲁母侯刘疵无谥号，随葬品只有金缕玉套，玛瑙印章，说明她不能完全自由支配其财产，甚至在年老时，鲁侯食邑，都被改封重平。张偃为吕后外孙，年少，不之国，居长安。吕后七年大臣诛诸吕，张敖三子都被废，文帝元年废张偃为南宫侯，比起诸吕都被诛灭，张敖三子多么幸运。当然，这也可能与惠帝之张皇后在世，有一定关系。

表 4 奚涓鲁侯国 – 鲁母侯刘疵 – 张偃鲁王国 – 鲁元公主大事表

	奚涓鲁侯国 – 鲁母侯疵	张偃鲁王国	鲁元公主
高祖六年正月	封奚涓为鲁侯，食邑 4800 户。奚涓死，母刘疵代侯		可能有食邑在琅邪等二三县
惠帝二年十月			齐王肥献城阳郡十城给吕后，以为鲁元公主汤沐邑，尊公主为齐王太后
惠帝七年	鲁母侯疵封地改为重平	初置鲁国	

续表

	奚涓鲁侯国－鲁母侯疵	张偃鲁王国	鲁元公主
吕后元年四月		封张偃为鲁王	公主死；谥号为鲁元公主
吕后五年	鲁母侯死，无后，国除		
吕后七年六月			宣平侯张敖卒，谥号为鲁元王。
吕后八年		张敖与前妻所生两子被封为侯	
文帝元年		废为南宫侯	

来源：《史记》《汉书》

吕后封其外孙张偃为鲁王，长公主死后才受谥号为鲁元太后，张敖死后获鲁元王谥号。后来史家才称其为鲁元公主，否则张敖只是宣平侯号，而齐王太后称呼终究是齐王刘肥尊之。鲁，汉六年开始为功臣奚涓鲁侯国（母刘疵代侯），历高帝惠帝 14 年；高后元年改鲁母侯刘疵封地到重平，历时 5 年。自高后元年（公元前 187 年）到高后八年（公元前 180 年）又为张偃鲁王国。鲁王年少，未至国，居长安，鲁王国存续

8年。

总之，张偃因其母长公主为齐王太后才被封为鲁王，公主又因亲子为鲁王而受鲁元太后谥号，张敖因子为鲁王而受鲁元王谥。张敖之王号，生前失之于赵，死后得之于鲁。鲁元公主称呼，是史家记事追述其谥号。[1] 高后年间所置鲁国疆域较大，[2] 其东部疆域几与城阳郡相接。

六、张偃鲁王国食邑户数和租入推算

张偃鲁王国有多少封户或几部分封地？当惠帝七年，鲁母侯刘疵被改封重平后，高后元年四月张偃初立为鲁王，鲁母侯刘疵的4800封户，自然入于张偃鲁王国。

高后元年鲁元公主卒，齐王刘肥所贡献的城阳郡

---

[1] 顾炎武著，陈垣校注：《日知录校注》卷二三，合肥：安徽大学出版社，2007年。
[2] 周振鹤：《西汉政区地理》，北京：商务印书馆，第34页，第257页，第31~34页，第118~119页。

十城汤沐邑[1]，是否被收回朝廷？"汉制：皇女皆封县公主，仪服同列侯。……皇女封公主者，所生之子袭母封为列侯，皆传国于后"。[2] 即鲁元公主所得城阳郡十城汤沐邑，由张偃继承。惠帝二年齐王刘肥尊鲁元公主为齐太后，高后元年鲁元公主卒，高后立张偃为鲁王，以张偃继公主后，鲁王继有鲁母侯疵的食邑4800封户，继承鲁元公主琅邪等数县城，食邑和城阳郡汤沐邑，这是鲁元公主卒后高后马上立张偃为鲁王的缘故之一。有些异姓的女性封君食邑"止身不传"，[3] 有少数汉代公主食邑（汤沐邑）归其子继承，[4] 这当包括鲁元公主汤沐邑城阳郡十城。鲁王张偃，以鲁县为国治，[5] 宋人徐天麟认为："惠帝二年悼惠王献城阳郡以益鲁元公主邑，更属鲁。"[6] 城阳郡十城汤沐归鲁王

---

[1] 刘向著，石光瑛校释，陈新整理：《新序校释》，北京：中华书局，2009年，第1380页。

[2] 范晔：《后汉书》卷十下《皇后纪下》，中华书局1965年点校本，第457页。

[3] 《汉书》卷九九《王莽传》，中华书局1962年点校本，第4067页。

[4] 周振鹤：《西汉政区地理》，第257页

[5] 孔继汾：《阙里文献考》卷二十九，清乾隆刻本。

[6] 徐天麟：《西汉会要》卷六四《郡国沿革》，上海：上海人民出版社，1976年版，第734页。

张偃，这对鲁王张偃来说是好事，对齐王刘肥诸子来说，是减损齐国封域和封户，何况，城阳郡还有其他山川、林泽、市租、盐铁收入。故汉武帝时齐人邹阳就说，"六齐望于惠、后"，[1] 齐悼惠王的后代，怨恨汉惠帝与吕氏。但是此事与惠帝无关，乃吕后所为。张偃的鲁王国当包含三地，鲁国母侯疵的食邑4800户、齐王肥所献城阳郡十城汤沐邑、鲁元公主食邑。文帝元年（公元前179年）鲁王张偃被废，城阳郡十城复归齐。

城阳郡十城有多大？汉初，鲁的东界在容丘、良成、建陵、戚县、建阳、昌虑、新阳、合乡、吾乡，[2] 而城阳郡的西界，当在利成、即丘、费县一线，鲁与城阳相接。城阳十城范围较大。惠帝二年后，城阳郡当有十二县，[3] 即以齐内史所说的十城计，城阳郡汤沐邑当有十县。秦汉时，县与城相同。《汉书·地理志》记各郡有多少县，但《续汉书·郡国志》则记为多少城。

---

[1] 《汉书》卷五一《邹阳传》，中华书局1962年点校本，第2338页。
[2] 周振鹤：《西汉政区地理》，第31～34页。
[3] 周振鹤：《西汉政区地理》，第118～119页。

城与县相当。战国之城,即成为西汉之县。[1]又《汉书·地理志》城阳国仅有莒、阳都、东安、虑四县,这是汉末政区。汉初城阳国的县数,比《汉书·地理志》所载四县大三四倍有余。

城阳十城大概有多少户?汉朝,县,万户以上为令,不及则为县长。元功十八侯封户,大致在五六千上下。列侯一般称县侯,列侯平均封户多在一二千,三千以下。[2]平均每县治不足5000人,每户5.19口,[3]按此计算,则每县治大约1000户。或者以平均每户4.5口计[4],则每县户数当在1100。齐王所献城阳郡十城汤沐邑,当有一万多户。汉初户口少,大侯不过万家,小者五六百户,数世后,或至四万户,小侯自倍。[5]张偃封为鲁王时在高后元年。鲁元公主城阳郡十城汤沐邑接近万户,琅邪县食邑数城当有五六千

---

[1] 赵冈、陈钟毅:《中国经济史》,北京:新星出版社,2006年版,第316页。

[2] 柳春藩:《秦汉封国食邑赐爵制》,沈阳:辽宁人民出版社,1984年版,第82—84页。

[3] 赵冈、陈钟毅:《中国经济史》,第314页。

[4] 葛剑雄:《西汉人口地理》,北京:商务印书馆,2014年版,第54页。

[5] 《史记》卷十八《高祖功臣侯者年表》,中华书局1959年点校本,第877页。

户，加上鲁母侯刘疵封户4800户，则鲁王张偃封户合计当有二万户左右，恰在万户和四万户之间。文帝元年，废鲁王张偃为南宫侯，收回其所享封户和其他利权，归齐所有。

鲁王张偃收入情况怎样？汉代列侯"封者食租税，岁率户二百，千户之君则二十万"，[1]如果岁"率户二百"，指赋，则鲁王张偃每年当有近四十万钱收入。租谷收入多少？如按五口之家耕田百亩亩产一石半，十一税十五石[2]，汉人家庭耕地面积约70亩[3]，十一税当交十石半，则鲁王张偃每年租谷就二十一万石。按匡衡多收租谷千余石价值十金计[4]，即以每百石一金计，则其每年最低租谷收入价值二千一百金。"百金，中人十家之产"，[5]则其租谷收入当中人二百户一年的总财产。张偃以吕后外孙，年少为王，富贵多金。当然，这只是推算。

---

[1]《史记》卷一二九《货殖列传》，中华书局1959年点校本，第3272页。
[2]《汉书》卷二四《食货志上》，中华书局1962年点校本，第1125页。
[3]《中国历代人均耕地面积》，《农业经济》，1982年第1期。
[4]《汉书》卷八一《匡衡传》，中华书局1962年点校本，第3346页。
[5]《史记》卷十《孝文本纪》，中华书局1959年点校本，第433页。

七、地理环境与时局变动对鲁地风俗的影响

战国至秦汉鲁地的风俗特点,有学者指出,鲁人好学、重礼、节俭、好儒等。[1]汉初山东两鲁国,对鲁地风俗有什么影响?学者们注意到周公制礼对鲁国社会风俗的影响。其实,古人看问题并不如此简单,地理环境和自然资源、战国后期薛鲁时局变动、汉初山东两鲁国的变迁,都对鲁地社会风俗产生一定的影响。

首先,地理环境和自然资源,对鲁地风俗有影响。孔子说"参也鲁"。孔安国注:"鲁,钝也。曾子迟钝。"王弼:"鲁,质胜文。"孔子弟子冉孺,字子鲁。孺与濡通,濡为迟钝,鲁亦为迟钝。《说文》说:"鲁,钝词也。"即迟钝、笨拙。鲁,甲骨文作鲁,从鱼从口,口为器形,像鱼在器皿中,本义为嘉。卜辞中有"黍田年鲁",黍

---

[1] 王克奇、王钧林:《山东通史·先秦卷》,北京:人民出版社,2009年版,第305～307页;安作璋、张汉东:《山东通史·秦汉卷》,北京:人民出版社,2009年版,第263页。

田收成嘉美。《说文》说鲁为钝词,乃后起之意。[1]为什么后来训鲁为钝、迟钝、笨拙?大概是把器皿误为人口,鱼有骨有刺,食鱼要安静小心,避免鱼刺,显得笨手笨脚,手忙脚乱,故训为钝词。《释名·释州国》曰:"鲁,鲁钝也。国多山水,民性朴钝。"朴钝,或作朴鲁。鲁钝、朴钝意思相同。

周公初封之鲁国,本在今河南鲁山,距洛阳近140多公里,鲁山县地处伏牛山东段,为山区县,地势西高东低,北部和西部为山,中部为丘陵,东部为平原,沙河东流横贯县境中部。"鲁之得名与始封于鲁山有关"[2],"周公初封在河南鲁山。周公东征胜利后,占领徐奄,才把鲁由鲁山迁徙于今山东曲阜。"[3]曲阜地处鲁中山地,泰山在其北,蒙山在其东,汶、泗、沂、清河,经东南山地向西北穿流,多山多水。

环境造人。山、水、土壤中含有自然物质元素,人类饮用水和土地上出产的食物,以及食用态度,会

---

[1] 于省吾:《甲骨文字释林》,北京:中华书局,2009年版,第74~75页。

[2] 郭克煜:《鲁国史》,北京:人民出版社,1994年,第1页。

[3] 吕思勉:《中国通史·上古时代》(下册),上海:上海人民出版社,1994年,第878页。

影响到人的体质、性情、行为方式，乃至社会风俗。《管子·水地》等篇论述水对各地人民性情的影响。李时珍《本草纲目》说："人乃地产，资禀与山川之气，相为流通，而美恶寿夭，亦相关涉。金石草木，尚随水土之性，而况万物之灵者乎？"自然环境影响着人的体质和精神。多山，人民性质直即质朴、正直；多水，食鱼小心谨慎，笨手笨脚。质直、过分小心，就是鲁钝、朴钝，引申为拘谨，据守老一套，不知时变，不能顺应时势，为人处世不灵活。

邹鲁滨洙泗，地势低洼，数有水旱，农桑不宜，使人民节俭好蓄积、恭谨畏罪，"邹鲁滨洙泗，犹有周公遗风，俗好儒，备于礼，故其民龊龊，颇有桑麻之业，无林泽之饶。地小人众，俭啬，畏罪远邪"。"沂泗水以北，宜五谷、桑麻、六畜，地小人众，数被水旱之害，民好畜藏，故秦、夏、梁、鲁好农而重民。"[1] 龊龊，小心谨慎的样子。资源有限，靠天时地利吃饭，按部就班，种地收益少，不敢冒险去农事工商；所以，鲁人重农节俭、好学尚礼、小心谨慎，少变化。

---

[1] 《史记》，卷一二九《货殖列传》，中华书局1959年点校本，第3270页。

其次，鲁地政局屡变。战国后期和汉初鲁地政局变动，对鲁地风俗有一定的影响。鲁，为少昊之虚，奄人之地，周公之国，后来楚攻占鲁、灭鲁。秦灭楚。秦末，薛鲁为项梁、楚怀王驻地，又为项羽鲁公之地。汉初，楚地皆降汉，唯独鲁不下，为项羽守节，既显示鲁人重视君臣大义，也显示大部分鲁人不知时势已变，应当改弦更张，而是继续弹老调，唱老歌。"高皇帝诛项籍，举兵围鲁，鲁中诸儒尚讲诵习礼乐，弦歌之音不绝，岂非圣人之遗化，好礼乐之国哉。"[1] 政权更迭，于我如浮云。《汉书·地理志下》说鲁人好学重礼，周公始建国时，"其民好学，上礼义，重廉耻。"[2] 重礼发展到极致，就会变得保守、不知时变，这在汉五年鲁两生身上，表现得尤其明显。

汉五年（公元前 202 年），诸侯共尊汉王为皇帝于定陶，薛人叔孙通为其制仪号，"于是叔孙通使征鲁诸生三十余人。鲁有两生不肯行，曰：'公所事者且十主，皆面谀以得亲贵。今天下初定，死者未葬，伤者未起，又欲起礼乐。礼乐所由起，积德百年而后可

---

[1]《史记》，卷一二一《儒林列传》，中华书局 1959 年点校本，第 3117 页。
[2]《汉书》，卷二八《地理志下》，中华书局 1962 年点校本，第 1662 页。

兴也。吾不忍为公所为。公所为不合古，吾不行。公往矣，无污我！'叔孙通笑曰：'若真鄙儒也，不知时变。'"叔孙通走马灯一样变换主子，前后所事十余位主子，面谀而得亲贵。鲁两生不知时变，瞧不起叔孙通，依然我行我素。后人对鲁两生的评价，主要是承认其仁义之言，如陈傅良说，鲁两生"视汉功臣为贵，列国之千乘，不如洙泗之一言，世固有公论也"。[1] 鲁两生相较三十鲁生，是少数，代表大部分鲁人不知时变、保守谨慎。同时鲁两生忠于君臣大义，不善变化，不像汉初功臣一样，随刘邦起事，夺取政权。这是一方面。

另一方面，时局变动，也造成少数人知时务、识时务。叔孙通、公孙弘等，就是典型代表。汉六年大封功臣时，群臣饮酒争功，醉或妄呼，拔剑击柱，朝廷一片喧闹嘈杂，汉高祖深感忧虑。叔孙通与所征三十鲁生，及高祖身边学者，以及自己的弟子百余人，在野外演习礼仪仪式。汉七年长乐宫成，诸侯群臣皆朝十月，叔孙通制礼作乐，举行朝仪，仪式庄严肃穆，

---

[1] 陈傅良：《止斋文集》卷四十五，四部丛刊景明弘治本。

诸侯群臣不敢喧哗失礼，高祖感叹："吾乃今日知为皇帝之贵也。"高祖任叔孙通为太常，赐金五百斤。叔孙通于是推荐弟子和三十鲁生为郎，赐予诸生金五百斤，诸生喜曰："叔孙生诚圣人也，知当世之要务。"[1]叔孙通以为"礼者，因时世人情为之节文者也"，深得礼意。太史公说他"希世度务制礼，进退与时变化，卒为汉家儒宗。大直若诎，道固委蛇。"司马迁对其有褒有贬。叔孙通知时务之要，为汉王制作礼仪，与时俱进，政治投机，自身生存为要务，岂管十主还是一主！公孙弘年轻时为薛狱吏，希世用事，阿谀，对汉武帝奏事，从不肯面折庭争，习文法吏事，缘饰以儒术，致位宰相，封为平津侯。此二人，都是当面阿谀逢迎君主以得亲贵。相较于大部分鲁人，识时务的叔孙通、致位宰相又封侯的公孙弘，毕竟是少数。

政局变动，少数知时务者能取得荣华富贵，但沉默的大多数，既然不知时变，不能调整处世态度，那就照旧种田纳粮当差，皇朝盛衰，人事代谢，与自家无关。汉初，无论是鲁母侯刘疵，还是张偃为鲁王，

---

[1]《史记》，卷九九《叔孙通列传》，中华书局1959年点校本，第2724页。

或者景帝子刘余为鲁王,都继续役使、侵夺农民。鲁母侯刘疵和鲁王张偃,都居长安,其租入照收无误。汉景帝子鲁恭王余在鲁国,他"好治宫室、苑囿、狗马,季年好音……坏孔子宅以广其宫"。[1] 田叔为鲁相,"鲁相初到,民自言相,讼王取其财物百余人。田叔取其渠率二十人,各笞五十,余各搏二十,怒之曰:'王非若主邪?何自敢言若主?'鲁王闻之大惭,发中府钱,……乃尽偿之"[2]。鲁恭王刘余侵夺农户财物,激起百余人的愤怒。鲁相田叔,极尽嘲讽挖苦鲁恭王刘余,使鲁恭王惭愧万分,用府中钱财,偿还人民财物。但鲁恭王的作风,仍遗传给其后代。第二代鲁王刘光,好音乐、舆马,晚年贪啬,唯恐钱财不足,与乃父同出一辙。为民之主的两代鲁王,贪财如此,可见鲁人纳粮当差多么辛苦!鲁王都如此贪财,民焉能不节俭好积蓄。鲁地统治者贪财,不关心民众,民众不关心政治,政权更迭,于我如浮云,薛鲁之地出现叔孙通、公孙弘之类的政治投机家,何足为怪。

鲁地迟钝、保守、节俭的风俗,到汉末时,甚至

---

[1]《汉书》,卷五三《景十三王传》,中华书局1962年点校本,第2414页。
[2]《史记》,卷一〇四《田叔列传》,中华书局1959年点校本,第2777页。

影响到齐地琅邪郡的风俗。汉代琅邪地理范围，相当于今山东省东南部，涵盖临沂市、青岛市黄岛区，日照市等。郡治在今山东诸城。"齐郡，舒缓养名"，师古曰："齐人之俗，其性迟缓，多自高大以养名声。"二千石新上任，郡署中诸曹长官，都移书称病。等太守派人慰问，才来就职。朱博为琅邪太守，痛斥齐俗，召见属吏，择优选拔，补治新吏，代替移书称病者，罢免称病者。耆老大儒赣遂，教授数百人，可他拜起太守动作迟缓。朱博让人教他学礼节，直到娴习乃止。当地"官属多褒衣大袑，不中节度"。朱博敕功曹："自今掾史衣，皆令去地三寸。""博尤不爱诸生，所至郡，辄罢去议曹，曰：'岂可复置谋曹邪？'文学儒吏时有奏记称说云云。博见谓曰：'太守汉吏，奉三尺律令以从事耳，亡奈生所言圣人道何也？且持此道归，尧舜君出，为陈说之。'其折逆人如此，视事数年，大改其俗，掾史礼节如楚、赵吏。"[1] 楚制短衣，琅邪郡中官员穿着前后大裾，大宽袖子，大裤裆；朱博要求他们的服装改为楚制，短衣，去地三寸足矣。朱博尤其

---

[1] 《汉书》，卷八三《朱博传》，中华书局1962年点校本，第3400页。

不爱诸儒生，罢免郡中议曹，不使儒生徒然议论纷纷，不做实事。汉有律令，而文学儒吏，动辄说圣人之道、尧舜之君如何如何，这自然受到鲁地风俗的影响。朱博说："我这个琅邪太守，是汉朝廷派来的吏员，我只遵守汉三尺法律，从事职守。对各位先生所奉行的圣人之道，没法接受。诸位先生，你们谨收回你们的圣人之道，回家去吧。等到尧舜一样的君主再世，你们再出来，陈说尧舜之道。"朱博以此方法，当面驳斥诸儒生所言。所以他当琅邪太守数年，琅邪郡风俗大为改观。属吏办事，如楚、赵一样，再也不动辄称颂尧舜之道，而是干脆果断行使汉朝律法。总之，鲁地这种风俗特点，既有历史文化的因素，也有地理环境的因素，更有战国后期及汉初山东薛鲁时局屡变而无改于劳民役民之道的因素。

汉初鲁元公主食邑考
——王国维观点补证

鲁元公主，汉高祖五年（公元前202年）为赵王张敖王后，有子鲁王张偃（后改南宫侯），而惠帝张皇后并非鲁元公主所生。[1]汉高祖十年（公元前197年）赵王张敖被废为宣平侯，尚公主如故。惠帝二年（公元前193年）十月，齐王刘肥献城阳郡为公主汤沐邑，尊公主为齐王太后，以母礼事之。吕后元年（公元前187年）鲁元公主卒。鲁元公主有食邑和汤沐邑。关于鲁元公主食邑，基本有两种观点：服虔认为鲁元公

---

[1] 周骋：《汉孝惠皇后身份辨》《中国典籍与文化》，2003年第3期。

主食邑于鲁，[1] 后来全祖望、[2] 周寿昌、[3] 钱穆、马孟龙、安作璋、杨菲等，都祖述之。[4] 王国维根据齐鲁封泥，认为鲁元公主食邑于齐琅邪邑。[5] 孤证单行，难以置信，当今学者多采服虔说法。

学术界关于汉代诸侯食邑、侯国历史地理、齐鲁发展等问题的研究，对我们有帮助有启发。作者认同王国维"鲁元公主食邑于齐琅邪邑"的观点，并作补充论证。同时还有一些问题，也需要进一步搞清楚：汉初公主食邑汤沐邑，在汉天子自有十五郡内，还是在东方诸侯王国内？齐王所献城阳郡汤沐邑有几城？公主食邑于琅邪有几县？为什么琅邪等数城邑会成为公主食邑？其历史地理基础怎样？鲁元公主食邑和汤

---

[1] 《汉书》卷一上《高帝纪上》注引，北京：中华书局，2011年，第5页。
[2] 全祖望：《汉书地理志稽疑》卷二，嘉庆九年朱文翰刻本。
[3] 周寿昌《汉书注校补》卷二十六，光绪十年周氏思益堂刻本。
[4] 钱穆：《史记地名考》，商务印书馆，2001年，第1101页。马孟龙：《西汉侯国地理》，上海：上海古籍出版社2013年，第377页；安作璋《秦汉史研究文集》，北京：人民出版社，2015年，第556页；杨菲：《两汉女性食封制度研究》，兰州大学2015年硕士学位论文。
[5] 王国维：《王国维全集》第三卷，《齐鲁封泥集存》，杭州：浙江教育出版社、广州：广东教育出版社，2009年，第165页。

沐邑分别有多少户？鲁元公主享有食邑、汤沐邑多少年？鲁元公主死后其食邑和汤沐邑是否收回朝廷？尚需进一步探讨。

经研究，结论如下。鲁元公主食邑不在鲁，而在齐琅邪郡琅邪邑等二三县，有九条证据：第一，王国维指出齐鲁封泥中琅邪邑丞之印，证明鲁元公主食邑琅邪邑。第二，汉初公主列侯多居长安而国邑在关东；第三，也就是最根本原因，鲁县已有功臣奚涓鲁侯国（母侯刘疵鲁国）。第四，赵王张敖尚公主时，长公主当有食邑；高祖封庶长子刘肥为齐王时，可能顺带赐予公主食邑；第五，齐王刘肥献城阳郡，及上计制，显示，公主"食邑数城"当在城阳东的琅邪郡数县；第六、七、八、九条证据分别是，行政区划变迁，分封益封多以地理就近为原则，吕后立刘泽为琅邪王又反悔，汉文帝初琅邪郡又回归齐国。以上多重证据证明，约汉高祖六年鲁元公主获食邑于齐国琅邪郡的琅邪及附近二三县，即今胶州湾附近。琅邪等数县城，能成为鲁元公主食邑，是有其深远的历史地理基础的。

一、汉初公主食邑汤沐邑，不在汉朝十五郡而在诸侯王国内

食邑，是国家给予诸侯王和列侯土地或户数，其赋税收入供其使用。汤沐邑，是少数皇室成员食邑外的斋戒洗浴之邑，其赋税租入供其使用。

汉初公主、列侯都有食邑，高祖十二年（公元前195年）三月诏书说，"重臣之亲，或为列侯，皆令自置吏，得赋敛，女子【为】公主、为列侯食邑者，皆佩之印，赐大第室内"。[1] 这似乎是说赐予诸侯王女食邑、佩印和大第。汉初功臣多，土地少，汉高祖六年（公元前201年）"军吏计功，以天下不足徧封"[2]，功臣们畏惧"不能尽封"，"日夜争功不决"[3]，饮酒争功，拔剑击柱，醉酒妄呼。高祖说："人有好牛马尚

---

[1] 王先谦补注，上海师范大学古籍整理研究所整理：《汉书补注》卷一下，上海：上海古籍出版社，2008年，第117页。

[2] 王先谦补注，上海师范大学古籍整理研究所整理：《汉书补注》卷一下，上海：上海古籍出版社，2008年，第95页。

[3] 《史记》卷五十五《留侯世家》，北京：中华书局，2014年，第2481页。

惜，况天下耶？"[1] 又岂能封王侯女为公主并且给予食邑、佩印和大第？《置吏律》规定"诸侯王女毋得称公主"[2]，故十二年诏书，是说汉皇帝赐予皇室家公主和一百多列侯食邑、金印和府第。

汉初分封二等：王、列侯，"列侯所食县为侯国。……金印、紫绶，以赏有功。功大者食县，小者食乡亭，得臣其所食吏民"。[3] 汉初封列侯者凡百四十三人，"王皆裂地，侯以户数为差，分人自此始"。[4] 其收入主要为封地租税及市租等。

天子、太后、公主、某些王女，有汤沐邑。"凡言汤沐邑者，谓以其赋税供汤沐之具也"。[5]《史记·平准书》说，汉初"山川园池市井租税之入，自天子以至于封君汤沐邑，皆各为私奉养焉，不领于天下之经费"。《索引》说："言封君已下，皆以汤沐邑，为私奉

---

[1] 梅鼎祚：《西汉文纪》卷一，汉高祖手敕太子，文渊阁四库全书。
[2] 张家山二四七号汉墓整理小组：《张家山汉墓竹简【二四七号】》，北京：文物出版社，2006年，第39页。
[3] 《后汉书》卷一一八《百官志》，北京：中华书局，2011年，第3630页。
[4] 杜佑撰、王文锦等点校：《通典》卷十九《职官一·封爵》，北京：中华书局，1988年，第487页。
[5] 《汉书》卷一下《高帝纪下》，北京：中华书局，2011年，第75页。

养,故不领入天子之常税,为一年之费。"即汤沐邑的收入供封君一年汤沐之费,不归国家财政部门大司农所有。颜师古曰:"言各收税以自供,不入国朝之仓廪府库也。"食邑、汤沐邑收入是私产,归各自所有,不属国家财政收入。封侯制的实质,是给功臣和公主土地和人民,"汉封侯无定制,名实皆私……古者有分土无分民,自汉始分民为诸侯王国"。[1]诸侯王有治理权责,公主只享受食邑和汤沐邑封户租入,不君其民,对社会和人民无治理职能,无任何贡献。

公主食邑和汤沐邑,分布在汉十五郡,还是诸侯王国内?《史记·诸侯王年表》说,"汉兴,功臣侯者百有余人。诸侯地大者或五六郡,连城数十……天子自有十五郡,而公主、列侯颇邑其中"[2],《汉书·诸侯王表》说,汉初,功臣侯者百有余邑,天子自有十五郡,公主列侯颇邑其中。

关于"公主列侯颇邑其中",古今很多学者,理解有误。颜师古说,"十五郡中,又往往有列侯公主之

---

[1] 朱礼:《汉唐事笺》前集卷二汉《封侯》,清嘉庆宛委别藏本。
[2] 《史记》卷十七《汉兴以来诸侯王年表》,北京:中华书局,2014年,第968页。

邑"[1]，误。公主、列侯都是复数。汉初，除鲁元公主，还有《二年律令·秩律》四七二条所说："李公主、申徒公主、荣公主、傅公【主】家丞，秩各三百石。"[2] 说明汉初至少有五位公主，并且已立公主府。秦汉，宗正管皇室亲属，属官有令丞。"诸公主家，令、丞皆属焉。"[3] "诸公主家令一人，六百石；丞一人，三百石。其余属吏，增减无常。"[4]《广雅》云"颇，少也"，表示范围小。"颇邑其中"，即公主列侯的食邑，较少存在于汉朝自有十五郡中，而多在诸侯王国和侯国内。钱穆说："汉初，中央直辖凡十五郡，而公主列侯颇邑其中，则明多不邑其中矣。"[5] 马孟龙说，汉初侯国皆地处关东，汉初京畿、关西、边郡无侯国，侯国集中分

---

[1]《汉书》卷十四《诸侯王表序》，北京：中华书局，2011年，第394页。
[2] 张家山二四七号汉墓整理小组：《张家山汉墓竹简释文【二四七号墓】》，北京：文物出版社，2006年，第80页。
[3]《汉书》卷十九上《百官公卿表上》，北京：中华书局，2011年，第730页。
[4]《后汉书》卷一百一十《百官志三·宗正》，北京：中华书局，2011年，第3589页。
[5] 钱穆：《秦汉史》，三联书店，2004年，第270页。

布于燕山以南,桐柏山－淮河以北等地区,[1]即燕、赵、齐、梁、楚等王国内。侯国如此,吕后与多位公主的食邑、汤沐邑,也当多分布于诸侯王国内。《二年律·津关律》:"丞相上长信詹事书,请汤沐邑在诸侯,属长信詹事者,得买骑、轻车、吏乘、置传马,关中比关外县。丞相、御史以闻,制……"[2]整理者认为,此条适用于吕后汤沐邑,[3]是;也说明,当时存在着汤沐邑在诸侯王国内,而不属于长信詹事者,即不只吕后有汤沐邑,在东方诸侯王国内;公主们,当有食邑汤沐邑,在东方诸侯王国内。

未之国的列侯、公主,住在长安,田租收入需要运输到长安。汉初,诸侯王国,多在东方。贾谊说,汉高祖"择良日,立诸子洛阳上东门之外",因为诸侯国皆在关东,故于东门外立之也。[4]吴楚"七国兵起,

---

[1] 马孟龙:《西汉侯国地理》,上海:上海古籍出版社,2013年,第132页,第140页。

[2] 张家山二四七号汉墓整理小组:《张家山汉墓竹简释文【二四七号墓】》,北京:文物出版社,2006年,第87页。

[3] 臧知非:《张家山汉简所见汉初马政及相关问题》《史林》2004年第6期。

[4] 《汉书》卷四十八《贾谊传》,北京:中华书局,2011年,第2260页。

时长安中，列侯封君，行从军旅，赍贷子钱。子钱家以为，侯邑国在关东，关东成败未决，莫肯与"。[1] 此明言列侯封君的侯邑或国邑，在关东。关东，即函谷关以东。梁孝王死，汉景帝与窦长公主计之，"乃分梁国为五国，尽立孝王男五人为王，女五人皆令食汤沐邑"。[2] 则梁孝王五男为王，五女有汤沐邑，均在梁王国内。汉武帝时，"诸外家为列侯，列侯多尚公主，皆不欲就国"[3]，即尚公主的列侯，多居长安。

列侯，国在东方，人居住在长安。他们的生活资料，来自食邑、汤沐邑的租入，要运输到长安，相当困难。汉文帝二年、三年，文帝两次要求列侯到自己的封国，其原因之一是，各列侯的食邑租入，要靠地方吏、卒运输到长安。汉文帝二年（公元前178年）冬十月，文帝下诏曰："朕闻古者诸侯建国千余，各守其地，以时入贡，民不劳苦，上下欢欣，靡有违德。今列侯多居长安，邑远，吏卒给输费苦，而列侯易无

---

[1]《史记》卷一百三十《货殖列传》，北京：中华书局，2014年，第3980页。

[2]《汉书》卷四十七《文三王传》,北京：中华书局,2011年,第2211页。

[3]《史记》卷一百七《魏其武安侯列传》，北京：中华书局，2014年，第3439页。

由教训其民。其令列侯之国，为吏及诏所止者，遣太子。"[1] 粮食运输是一个大难题。汉初，国家"岁转山东粟，以给中都官，岁不过数十万石。"[2] 这只是国家负责运输的粮食供给京师官员俸禄。列侯、公主食邑的租入，要依靠各自食邑所在地的吏、卒运输，漕运的困难有三，一是砥柱之险，易触礁，漕船损坏、败亡甚多。二是渭水水道曲折，加上封冻和水量不足，一年中只可通航六个月。三是有国家漕运，列侯公主食邑租入运输时，肯定要优先国家漕运。

对于汉代列侯公主住在长安，食邑租入来自东方，如淳有个说法，叫作"遥食其国租税"。《汉书·哀帝纪》绥和二年六月诏书指出，诸侯王、列侯、公主、吏二千石，及豪富民多蓄奴婢，田宅无限，与民争利，导致百姓失业，因此国家要求丞相等提出限田法令。丞相等奏请："诸王、列侯得名田国中，列侯在长安及公主名田县道，关内侯，吏民名田，皆无得过三十顷。"什么叫名田国中？名田，就是占田。列侯在国者，既享受朝廷赐予的户数及户数的增长，又可以在国中占

---

[1] 班固《汉书》卷十《文帝纪》。
[2] 《史记》卷三十《平准书》。

田，不能超过三十顷。未就国的列侯，公主，可在县、道中占田，不超过三十顷。就是说，列侯、公主，可以享受皇帝赐予的户数，也可以私下占田。那么，无论是国邑食邑人民交纳的租税，还是占田租入，都需要运输到长安。如淳说："名田国中者，自其所食国中也，既收其租税，又自得有私田三十顷。名田县道者，《令甲》：'诸侯在国，名田他县，罚金二两'。今列侯有不之国者，虽遥食其国租税，复自得田于他县道，公主亦如之，不得过三十顷。"即，列侯、公主，既收其国邑、食邑的租税，又能收获私自占田三十顷的地租收入。列侯不之国，又要把东方国邑的租入从东方运到长安，公主同样如此。这就叫列侯、公主多"遥食其国租税"。[1]

《汉书·高惠高后文功臣表》记载123例在吕后文景和武帝时失侯者，其中43人仍居长安，[2] 可见汉文帝强令列侯就国前，当有更多列侯、公主居长安，并依靠关东漕粟生活。总之，汉初公主食邑汤沐邑，较

---

[1] 13《汉书》卷十一《哀帝纪》如淳注，北京：中华书局，2011年，第337页。

[2] 王子今：《西汉长安居民的生存空间》，《人文杂志》2007年第2期。

汉初鲁元公主食邑考

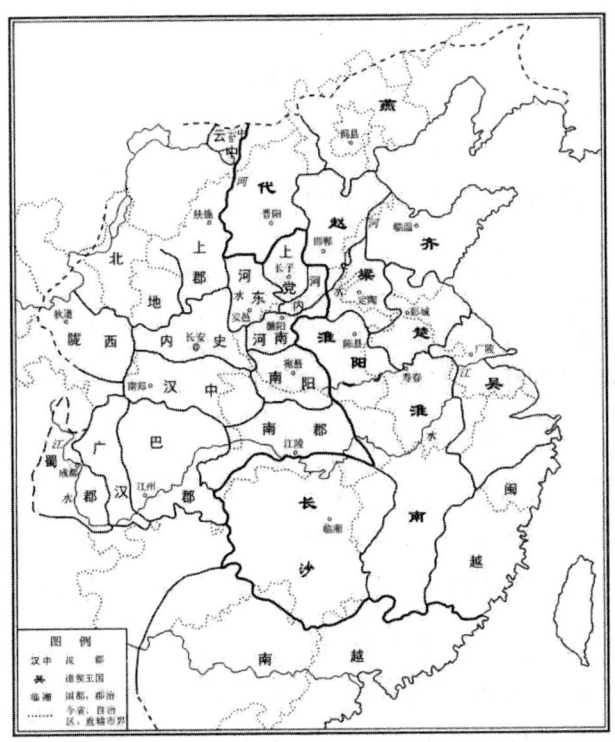

图1 高祖十二年十王国、十五汉郡示意图[1]。

说明：列侯、公主食邑，不在天子十五郡，多在东方诸侯国内。

说明：a, 图中粗线以西为十五汉郡，以东为十王国。

b, 列侯公主汤沐邑、食邑，多在东方十王国内。

---

[1] 周振鹤：《西汉政区地理》，北京：商务印书馆，2017年版，第11页。图为复旦大学历史地理中心陈伟庆同志和吴磊同志所绘。

少存在于汉天子自有十五郡内，多数位于关东王国和侯国内。鲁元公主食邑也不例外。

二、鲁元公主食邑琅邪等数县城

鲁元公主食邑不在鲁，根本原因在于自汉高祖六年至惠帝七年，鲁县为奚涓鲁侯国－鲁母侯刘疵国。汉高祖六年（公元前201年），奚涓封为鲁侯，封户4800，奚涓死后，母刘疵代侯。汉初，五千户大县只有曲逆和洛阳，其他每县户数大致千户左右。鲁母侯国食邑4800户，要有五县民户才够数。齐内史说鲁元公主"乃食数城"。[1]汉高祖六年（公元前201年）至惠帝七年（公元前188年），鲁县有鲁母侯国，民户不够，不可能同时有鲁元公主的食邑。惠帝七年，吕后改鲁母侯刘疵（卒于吕后五年）封地为重平，为鲁王张偃腾出鲁地民户，初置鲁王国。吕后元年（公元前187年）四月鲁元公主薨，立外孙张偃为鲁王，赐公主谥号为鲁元太后。文帝元年（公元前179年）废

---

[1]《史记》卷九《吕太后本纪》，北京：中华书局，2014年，第506页。

鲁王张偃，改为南宫侯。《汉书·张耳传》："吕太后立敖子偃为鲁王，以母为太后故也。"颜师古曰："以公主为齐王太后，故立其子为王。"[1]《汉书．高帝纪下》颜师古曰："偃因母为齐王太后，而得王，非母因偃乃为太后，"[2]张偃受封鲁王，因为其母为齐王太后。关于鲁元公主谥号与鲁王张偃的关系，《通鉴》卷十三《汉纪五》说得非常清楚，"吕后元年（公元前187年）夏四月，鲁元公主薨；封公主子张偃为鲁王，谥公主曰鲁元太后"。[3] "六年（公元前182年）宣平侯张敖卒，赐谥曰鲁元王。"[4] 公主卒、封张偃为鲁王、赐予公主谥号、赐张敖谥号四件事，前后相继，因果关系明确。公主死后谥号为鲁元，张敖谥号为鲁元王，皆因子张偃为鲁王。高祖长女，儿时名字失载，汉高祖五年（公元前202年）为赵王张敖王后，惠帝二年（公元前193年）齐王肥尊为齐王太后。至于鲁元公主，是后世史家追述之称呼，不能作为其食邑于鲁的证据。服虔说

---

[1] 《汉书》卷三十二《张耳陈馀列传》，北京：中华书局，2011年，1843页。

[2] 《汉书》卷二《惠帝纪》，北京：中华书局，2011年，第88页。

[3] 《资治通鉴》卷十三《汉纪五》，北京：中华书局，2011年，第424页。

[4] 《资治通鉴》卷十三《汉纪五》，北京：中华书局，2011年，第429页。

公主食邑于鲁，故谥号鲁元，误。

鲁元公主食邑，究竟在何处？齐鲁封泥，大概为齐悼惠王及其子哀王时期（汉高祖六年至惠帝六年，惠帝七年至文帝元年，即前201年至前179年）的文物。王国维说："邑丞封泥凡二十有八，除琅邪为鲁元公主所食邑外，余皆为列侯食邑。"[1] 琅琊邑丞，当为公主家之丞。王国维认为鲁元食邑在齐王国支郡内。作者认同王国维的观点。王氏观点，孤证单行，难以置信，当今学者多采服虔说法，王国维的观点仍需补充论证。

鲁元公主何时有食邑？当在汉高祖五年或六年中。汉高祖五年秋七月赵王张耳卒，子张敖嗣位，赵王张敖尚高祖长女鲁元公主，长公主为赵王敖王后，按照礼仪制度，公主岂能无食邑？秦博士叔孙通，于汉高祖二年（公元前205年）追随汉王。汉高祖五年春，在定陶，叔孙通与诸侯王共定，择良日二月甲午上尊号，汉王即皇帝位，尊王后为皇后，太子为皇太子。汉家"定宗庙仪法。及稍定汉诸仪法，皆叔孙生

---

[1] 王国维：《王国维全集》第三卷，《齐鲁封泥集存》，杭州：浙江教育出版社，广州：广东教育出版社，2009年，第165页。

为太常所论著"[1]，《史记·礼书》："叔孙通颇有所增益减损，大抵皆袭秦故：自天子称号，下至佐僚及宫室官名，少所变改。"[2] 叔孙通善于希世度务，怎能忘记公主称呼和食邑等礼仪制度？如果高祖长女，如民女一样，没有食邑和财富傍身，吕后如何能甘心？赵王张敖何以尚之？故当赵王张敖尚公主时，鲁元公主当有食邑。"汉制，皇女皆封县公主，仪服同列侯"[3]，即公主食邑、仪服等同列侯。从高祖到吕后，皇室公主多以外家姓氏命名之，如《二年律令》所载李公主、申徒公主、荣公主、傅公主。汉文帝以后，皇室公主多以所食之邑命之，在分得食邑前，仍以外家姓命名之。如果说汉初礼仪简陋，长公主无食邑，那么张家山汉墓出土《二年律令·津关律》"丞相上长信詹事书，请汤沐邑在诸侯属长信詹事者"[4] 显示，不只吕后有汤沐邑，太子、公主们当有汤沐邑在诸侯王国内。近年来，研究者倾向认为，《二年律令》制订并抄录于汉高

---

[1] 《史记》卷九十九《叔孙通传》，北京：中华书局，2014年，第3300页。
[2] 《史记》卷二十三《礼书》，北京：中华书局，2014年，第1374页。
[3] 《后汉书》卷十下《皇后纪下》，北京：中华书局，2011年，第457页。
[4] 张家山二四七号汉墓竹简整理小组：《张家山汉墓竹简（二四七号墓）》，北京：文物出版社，2006年，第87页。

祖五年至吕后二年，即，汉高祖五年至吕后二年，不仅吕后有汤沐邑，高祖、吕后之长女有齐王肥所献城阳郡为汤沐邑，李公主、申徒公主、荣公主和傅公主，至少当有食邑在诸侯王国内。

鲁元公主拥有食邑，最晚时间当在汉高祖六年正月壬子（公元前201年3月12日）立庶长子肥为齐王时，或者在其后不久，长公主就当有食邑在齐国琅邪郡。《高祖本纪》记：汉高祖六年十二月拘捕韩信后，齐人田肯祝贺高祖，说："陛下得韩信，又治秦中。秦，形胜之国，带河山之险，县隔千里，持戟百万，秦得百二焉。夫齐，东有琅邪、即墨之饶，南有泰山之固，西有浊河之限，北有勃海之利，地方二千里，持戟百万，县隔千里之外，齐得十二焉。故此东西秦也。非亲子弟，莫可使王齐矣。"[1] 当时山东人谓关中为秦中。浊河，即黄河。田肯意思是汉高祖拘捕齐王韩信，建都关中，同时拥有东秦和西秦。秦地被山带河，形势险固，与诸侯县隔千里，关中有百万军队，相当于有雄师二百万。而齐地，东有琅邪海限，即墨之富饶，

---

[1] 《史记》卷八《高祖本纪》，北京：中华书局，2014年，第482页。

汉初鲁元公主食邑考

南有泰山险固，西有黄河阻隔，北有勃海鱼盐之利，土地方圆千里，有百万军队，相当于有雄师百万。齐、秦二地，实为东秦、西秦，力量势均力敌。必须亲子弟才可王齐。高祖大为称善，赐田肯黄金五百斤。汉高祖立子肥为齐王，王七十余城。完全可以琅邪郡数县，赐予鲁元公主为食邑。汉高祖六年正月壬子（公元前201年3月12日）"以胶东、胶西、临淄、济北、博阳、城阳郡七十三县立子肥为齐王"。[1] 琅邪郡历来以富饶闻名。

按，汉朝往往同时立多人为侯王，如汉高祖十二月甲申（公元前201年2月13日）封十人为侯；汉高祖六年正月丙午（公元前201年3月6日）立楚元王交和荆王贾，封十一人为侯；正月壬子（公元前201年3月12日）立代王喜和齐王肥；三月庚子（公元前201年4月29日）又封八人为侯；十一年立厉王长、代王、赵王友、赵共王恢；汉文帝二年同时立朱虚侯章为城阳王、东牟侯兴居为济北王，文帝四年五月甲寅（公元前176年7月1日）立齐王子罢军等十人为

---

[1]《汉书》卷一《高帝纪》下，北京：中华书局，2011年，第61页。

西汉贵族的甲第与食邑

列侯，十二年后，立六人为王；八年五月丙午（公元前172年6月2日）立淮南厉王四子为侯，八年后，立其三子为王（一子已亡，无后）。景帝前元元年四月乙巳（公元前156年5月8日）立楚元王交四子为侯，前元二年三月甲寅（公元前155年5月12日）立六皇子为王、六月乙巳（公元前155年7月16日）立三皇子为王，武帝元狩六年四月乙巳（公元前117年6月12日）同时立三子为王，等等。当高祖立庶长子刘肥为齐王时，极有可能让庶长子照顾嫡长公主，同时以琅邪郡数城赐予公主，为公主食邑。

汉代封列侯食邑或益封的一般原则，是地里就近。宋代林駉说，汉初"食邑之例有二，有封为某侯，言食邑数者；有封为某侯，不言食邑者。……不言食邑，盖以一县一乡之租税俱予之；言邑数则特据邑数而予之耳。……若户之数邑，所封不足以充之，则取之其邻近。张延寿嗣富平侯，国在陈留，别邑在魏。其云别邑者，取之邻近之租税以给之，盖无定制也。……又如夏侯之食邑沂阳，益食卢氏；汉王即位更食汝阴，益食细阳千户之类。要之汉人制爵，自侯以上则食租"。[1] 林氏认为，汉初至武帝时，列侯国邑、别邑，以邻近，即地里就近为原则，大致不误。张安世富平侯国，在今山东惠民县，"数上书让减户邑……乃徙封平原，并一国，户口如故，而租赋减半"[2]，则汉代合并国邑别邑，以地里就近为原则。成帝永始元年（公元前16年）王莽被封为新都侯，国南阳新野之都乡千五百户。哀帝时益封南阳棘阳黄邮聚三百五十户，平帝元始元年又益封召陵和新息二县二万八千户。这些地方，多数在南阳或附近。汉末益封，也是地里就近。

因此，惠帝二年（公元前193年），齐王刘肥献城阳郡为鲁元公主汤沐邑，也是益封，其食邑当距城阳郡不远。惠帝二年十月齐内史劝齐王："今王有七十余城，而公主乃食数城。王诚以一郡上太后，为公主汤沐邑，太后必喜，王必无忧。于是齐王乃上城阳之郡，尊公主为王太后。"[3] 同为高祖子女，庶长子封王且有七十余城，嫡长公主食邑数城，不仅数量悬殊，因两

---

[1] 林駉：《源流至论》卷七，文渊阁四库全书本。
[2] 《汉书》卷五十九《张延寿传》，北京：中华书局，2011年，第2653页、2654页。
[3] 《史记》卷九《吕太后本纪》，北京：中华书局，2014年，第506页。

地相距不远，差距悬殊对比明显。故齐内史建议齐王刘肥献城阳郡为鲁元公主汤沐邑。《汉书·惠帝纪》载："二年冬十月，齐悼惠王来朝，献城阳郡，以益鲁元公主邑，尊公主为太后。"[1]《说文》："益，饶也。"富饶有盈余。加上城阳郡后，公主食邑富饶而盈余，城阳郡十城当距琅邪郡食邑近。齐内史一举多得，不仅要救助齐王刘肥、媚悦吕后，而且正如清人王先谦所说，要"欲尊公主，以渐王张氏，故劝王割郡就益鲁邑"。[2] 就，就近。益，增加。说明城阳郡与公主食邑较近。齐内史很有心计，尊齐王公主为长太后，为吕后王张偃，打下埋伏。汉十年，赵王张敖被降为宣平侯，直到吕后六年卒，张敖前姬有二子，张偃不能继父侯位，更不得为王。汉制"皇女封公主者，所生之子袭母，封为列侯，皆传国于后"。[3] 按制度，张偃只能袭母为列侯。可公主已被齐王刘肥尊为齐王太后，从事实人情上讲，齐王太后之子张偃，应当封王。齐内史不可

---

[1] 《汉书》卷二《惠帝纪》，北京：中华书局，2011年，第88页。
[2] 王先谦补注、上海师范大学古籍整理研究所整理：《汉书补注》卷二《惠帝纪》，上海：上海古籍出版社，2008年，第133页。
[3] 杜佑撰、王文锦等点校：《通典》卷三十一《职官十三》，北京：中华书局，1988年，第858页。

能舍近求远，劝齐王献出一块飞地，故劝齐王贡献出城阳郡十城。城阳郡十城，当接近鲁元公主琅邪郡食邑。城阳郡治（今山东莒县），与琅邪等县（今山东胶南县琅邪镇）的直线距离，比莒、鲁（今山东曲阜）的直线距离，要近一半。

从齐王献城阳郡细节及上计制度看，齐王刘肥及内史等，应当考虑城阳郡十城与公主食邑的距离。

汉武帝太初元年以前，以十月为岁首。汉郡国于九月上计，十月诸侯王朝天子。惠帝二年（公元前193年）十月，齐内史、御史等吏员，随齐王刘肥朝长安。

"二年，楚元王，齐悼惠王皆来朝。十月，孝惠与齐王燕饮太后前，孝惠以为齐王兄，置上坐，如家人礼。太后怒，乃令酌两卮鸩……齐王恐，自以为不得脱长安，忧。齐内史士说王曰：'太后独有孝惠与鲁元公主。今王有七十余城，而公主乃食数城。王诚以一郡上太后，为公主汤沐邑，太后秘喜，王必无忧。'于是齐王乃上城阳之郡，尊公主为王太后。吕后喜，乃置酒齐邸，乐饮，罢，归齐王。"[1]齐王刘肥到长安，

---

[1] 司马迁：《史记》卷九《吕太后本纪》《集解》引韦昭，第398页。

到长乐宫朝见吕太后。汉惠帝认为,齐王肥年长,是兄,所以让齐王刘肥坐上座,如家人礼节。吕后大怒,派人摆上两杯毒酒,让齐王肥为太后贺年祝寿。齐王刘肥起身端起一杯毒酒,汉惠帝也起身端起一杯毒酒。吕后吓得大惊失色,马上起身撞翻了汉惠帝手中的酒杯。齐王肥吓得不敢留在长乐宫,假装醉酒而去。路上他得知是吕太后安排毒酒,非常恐惧,担心不能从长安脱身,回到齐国。齐内史给他出主意,献出城阳郡给吕太后,当作鲁元公主汤沐邑,尊鲁元公主为齐王太后。吕后到齐邸,摆下酒席,宴请齐王肥。

褚少孙补《史记》云:"又诸侯王朝见天子,汉法,凡当四见耳。始到,入小见;到正月朔旦,奉皮荐璧玉贺正月,法见。后三日,为王置酒,赐金钱财物。后二日,复入小见,辞去。凡留长安不过二十日。小见者,燕见于禁门内,饮于省中,非士人所得入也。"[1]诸侯王朝见天子,帝、后有四次会见。刚入京师,第一次接见,非正式接见,称小见。第二次,正月一日早晨,诸侯王双手捧着皮垫上的玉璧,祝贺新正,为

---

[1]《史记》卷五十八《梁孝王世家》。

正式接见,称为法见。正式接见三天后,天子或太后,举办酒宴,邀请诸侯王,赐予金钱财物。再过二日,再次接见,还是非正式接见,相当于送行宴请,诸侯王即辞去。诸侯王在长安不过二十日。各诸侯王到长安时,法定时间为二十日,其住所就是各国在长安的邸第。吕后初次接见齐王肥后设置酒宴,当在长乐宫。最后一次,吕后在齐王邸第设置酒宴,送行。

此事有三点值得注意:第一,惠帝二年,齐王肥入朝。正月初一早晨进献璧玉贺正月时,吕太后在宫中宴请齐王。由于礼仪问题,吕后要对齐王刘肥痛下杀手,得惠帝保护,齐王肥暂时离开宫中。路上齐内史给他分析太后要置他于死地的原因,就是鲁元公主食邑太少。齐王不是在长乐宫当场献城阳郡,而是从朝中返回齐邸的路上,齐内史劝齐王刘肥以利害关系。他们商量权衡后,齐王刘肥回到齐邸内,才"上奏献十城为鲁元公主汤沐邑",书写章奏,同时在奏书和地图上都标示城阳郡位置。

古代国家献地、割地,或分给土地,要从地图上标示,如秦王"召有司,案图,指从此以往十五都予赵",[1]荆轲献燕国督亢地图于秦。汉武帝元狩六年（公元前117年）四月，汉朝立武帝三子为齐、燕、广陵三王时，御史大夫奏舆地图，请所立国名。舆地图和文书，由"御史大夫[张]汤下丞相，丞相下中二千石，二千石下郡太守、诸侯相，丞书从事下当用者，如律令"。[2]封王封侯，都要在地图上标示出来。东汉建武四年（公元28年），"按舆地图，令诸国户口皆等，租入岁各八千万"。[3]献城献郡，也要在地图上标示，并且下达到郡县，便于郡县割出土地民户给列侯或公主，也便于从齐国上计集薄中开除城阳郡经济和人口数据。

尹湾汉简出土东海郡上计《集薄》，包括东海县行政建置，如县邑侯国乡亭邮、各类吏员、户（含流口）、提封、国邑园居、种宿麦顷亩、男女口数、春种树，

---

[1]《史记》卷八十一《廉颇蔺相如列传》，北京：中华书局，2014年，第2959页。

[2]《史记》卷六十《三王世家》，北京：中华书局，2014年，第2110页。

[3]《后汉书》卷五十《孝明八王列传·陈王羡传》，北京：中华书局，2011年，第1667页。

一岁诸钱谷出入数。[1] 这当是东海郡上计的底本，齐国当如此。献城阳郡，要在齐国账上开除城阳郡土地民户数，不使田土民户已去，空留图籍。汉代已有四柱结算法萌芽。[2] 隋代，州郡有司户。清代各县设"户田科典吏一人，掌一县之田赋，以四柱之法，定赋役之会计，一曰旧管，二曰新收，三曰开除，四曰实在"。[3] 开除，把划拨出去的土地、民户、赋税定额，从本县账上划出。

诸侯王治国，内史治国民，御史掌图籍秘书和地图，他们都了解齐地情况。《新序》记，齐有七十余城，齐内史劝齐王献出十城，以保住六十城。"悼惠王曰：'善。'至【齐】邸，上奏献【城阳】十城，为鲁元公主汤沐邑，太后果大悦，受邑，厚赐悼惠王而归之，国遂安。"[4]

---

[1] 连云港市博物馆、东海县博物馆等：《尹湾汉墓简牍·尹湾六号墓出土木牍》，北京：中华书局，1997年，第77~78页。

[2] 李均明：《耕耘录——简牍研究丛稿》，北京：人民美术出版社2015年，第91页。

[3] 周震荣修、章学诚纂：《永清县志》卷十《户书》，乾隆刻本。

[4] 刘向著，石光瑛校释，陈新整理：《新序校释》卷十《善谋下》，北京：中华书局，2009年，第1380、1381页。

齐王献城阳郡，当在齐国地图及上计《集薄》反映出来。齐王与内史等商议后，献城阳郡，使食邑与汤沐邑地里相连。

第二，齐王不是直接献城阳郡给公主，而是"以一郡上太后，为公主汤沐邑"[1]，由吕后赐公主为汤沐邑。秦朝规定，天子之命为制，天子之令为诏。吕后制天下事，相当于皇帝行使权力，就是由国家益封公主。

第三，吕后"受邑"，当有简单仪式。

第四，鲁元公主不居食邑，而是居长安。可见，双方皆知城阳郡与食邑数城地里就近。

从政区设置来看，汉初，城阳郡与琅邪等县相接。汉高祖六年琅邪郡有海滨十数县地，或十二县，其中高阳、新山属城阳侯国[2]，此前两县属城阳郡，与琅邪县相邻。汉时县、城相当，如梁孝王武梁国四十余城，多大县；齐王肥齐七十余城，有时也记载为七十

---

[1] 《汉书》卷三十八《高五王传》，北京：中华书局，2011年，1988页。
[2] 周振鹤：《西汉政区地理》，北京：商务印书馆，2017年，第122，125～126页。

余县。齐内史说"今王有七十余城,而公主乃食数城"[1],"大王诚献十城……是亡十城而得六十城"[2],城是指县城。齐国有多少县城？《史记》多处都说齐七十余县、七十余城;[3]《汉书·高帝纪下》说齐七十三县;《荆燕吴列传》说齐七十二城。可见齐有七十二三县城,七十只是举成数。齐王所献城阳郡十城,与汉初齐国每郡十来县数目一致。如公主食邑二三城,加城阳郡十城,齐王自有六十城,合计七十二三县城。高帝六年至文帝十六年,城阳郡的东界为昆山、高乡一线,与琅邪郡为邻;[4]城阳郡,与琅邪等县地里相连。[5]献城阳郡,使鲁元公主的食邑与汤沐邑,连片集中。

---

[1] 《史记》卷九《吕太后本纪》,北京:中华书局,2014年,第506页。

[2] 刘向著,石光瑛校释,陈新整理:《新序校释》卷十《善谋下》,北京:中华书局,2009年,第1380页。

[3] 《曹相国世家》《田单列传》《淮阴侯传》《郦生列传》《吴王濞列传》等都说,齐七十余城。

[4] 周振鹤:《西汉政区地理》,北京:商务印书馆,2017年,第118～119页。

[5] 周振鹤:《西汉政区地理》,北京:商务印书馆,2017年,第105～106页。

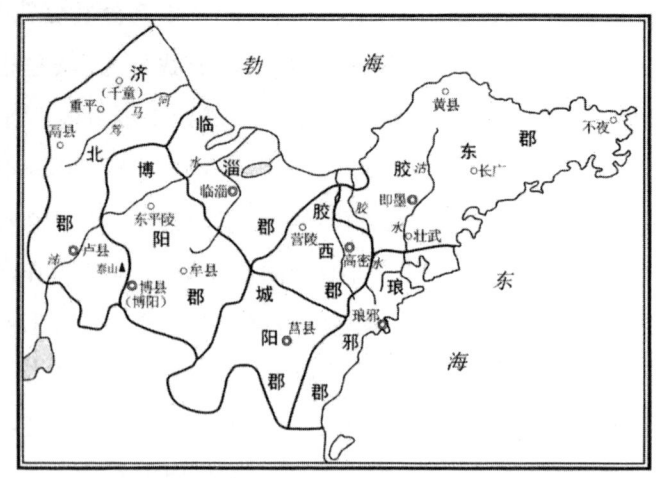

图2 高帝六年到惠帝七年齐国七郡示意图。

说明：琅邪郡附近二三县，城阳郡十城，地理相接，道里相近。

吕后七年（公元前181年），割裂琅邪十余县，立营陵王刘泽为琅邪王，吕后又反悔，说明公主食邑数城，就包括在琅邪郡中。从吕后本意看，泱泱大国齐，正如齐王刘肥其名一样，岂能让高祖庶子尽享？前文推测汉高祖六年立肥为齐王时，已给长公主食邑数城。吕后并不满足：惠帝二年（公元前193年），吕后割城阳郡为公主汤沐邑。吕后二年，割齐济南郡为吕王奉邑。[1] 吕后七年，"列【裂】十余县……以营陵侯刘泽为琅邪王"。[2] 琅邪王国有十余县，正与汉初琅邪郡十余县数目相符。[3]

在吕后王诸吕时，刘家子侄孙，想要封王，并不容易。齐人田生，为营陵侯刘泽谋划此事。先是，田生请吕后信任的大谒者张卿，动员大臣主动提出立吕产为王。事成之后，吕后感谢张卿，赐予千金。

> 张卿以其半与田生，田生弗受，因说之曰："吕产王也，诸大臣未大服。今营陵侯泽，诸刘，为大将军，独此尚觖望。今卿言太后，列十余县王之，彼得王，喜去。诸吕王益固矣。"张卿入言，太后然之。乃以营陵侯刘泽为琅邪王。琅邪王乃与田生之国。田生劝泽急行，毋留。出关，太后果使人追之，已出，即还。[4]

---

[1]《史记》卷五十二《齐悼惠王世家》，北京：中华书局，2014年，第2428页。

[2]《史记》卷五十一《荆燕世家》，北京：中华书局，2014年，第2422页。

[3] 周振鹤：《西汉政区地理》，北京：商务印书馆，2017年，第126页。

[4]《史记》卷五十一《荆燕吴世家》。

刘泽，其妻子为吕后姊妹吕媭的女儿。对封刘泽为琅邪王，双方态度不同。

站在齐国立场，割琅邪十余县给刘泽，是吕后诸罪之一："听诸吕擅废高帝所立，又杀三赵王，灭梁、燕、赵以王诸吕，分齐国为四"。其中分齐国为四，指"本自齐国，更分为济南、琅邪、城阳，凡为四也"，即"琅邪郡，封刘泽；济南郡，以为吕王奉邑；城阳郡，为鲁元公主汤沐邑也"。[1]

站在吕后立场，割琅邪十余县王刘泽，是权宜之计，非真心，"琅邪王乃与田生之国。田生劝泽急行毋留，出关，太后果使人追之。已出，即还"。[2]汉高祖时，琅邪郡有海滨十数县。汉末琅邪有五十一县。吕后已经命令御史等割琅邪郡十余县，给营陵侯刘泽，立刘泽为琅邪王。田生与刘泽急匆匆地离开长安，离开函谷关，绝不在关中停留，以免吕后反悔。吕后果真反悔，派人追出长安城，追到函谷关，想追回已颁发琅邪王的金印、诏书。既然琅邪是割自齐国，立吕媭女婿刘

---

[1]《史记》卷五十二《齐悼惠王世家》，北京：中华书局2014年，第2428页、2427页。

[2]《史记》卷五十一《荆燕世家》，北京：中华书局2014年，第2422页。

泽为王，慷齐国之慨而利己，吕后为什么反悔？又有何不舍？

吕后的反悔和不舍，恰说明琅邪郡有数县城，本属鲁元公主食邑，吕后元年（公元前187年）鲁元公主死后，鲁王张偃继承其母食邑。

根据以上倒推，可说明鲁元公主食邑琅邪县数城，包括在琅邪郡中。琅邪王刘泽，虽然是吕媭女婿，但毕竟是诸刘长，将不利于张偃，故吕后反悔割十余县封刘泽为琅邪王。

城阳郡汤沐邑与琅邪数城食邑相近，不仅能增加公主租入，而且便于两地租入的征收、管理和运输。

鲁元公主自汉高祖六年（公元前201年）至吕后元年（公元前187年），享有食邑14年。自惠帝二年（公元前193年）为齐王太后，享有城阳郡十城汤沐邑7年，死后获鲁元太后谥号，琅邪数城和城阳郡十城，都为鲁王张偃所继承。文帝元年废鲁王张偃，徙琅邪王刘泽为燕王，城阳郡、琅邪郡都回到齐，说明在汉文帝观念里，尽管高祖时给公主食邑数城，吕后割裂琅邪郡给刘泽，但琅邪终究属齐，尘埃落定，完璧归齐而已。

鲁元公主食邑数城，究竟多少城？是哪些县城？

汉高祖六年，琅邪郡有海滨十数县地，或十二县，其中高阳、新山属城阳侯国，[1] 按照琅邪郡十至十二县计，扣除刘泽琅邪王国十余县，余下二三县城之间，就是鲁元公主食邑数城，后由张偃继承。

推测鲁元公主食邑，当在琅邪县（今胶南县琅邪镇）及其附近二三县城，大概范围在下列诸县之间：诸邑（今山东诸城）、不其（今山东即墨）、计斤（今胶县西南）、海曲（今山东日照东港区）、横（今山东诸城东南四十里）等县，即今胶州湾附近。

---

[1] 周振鹤：《西汉政区地理》，北京：商务印书馆2017年，第122页、第125页、第126页。

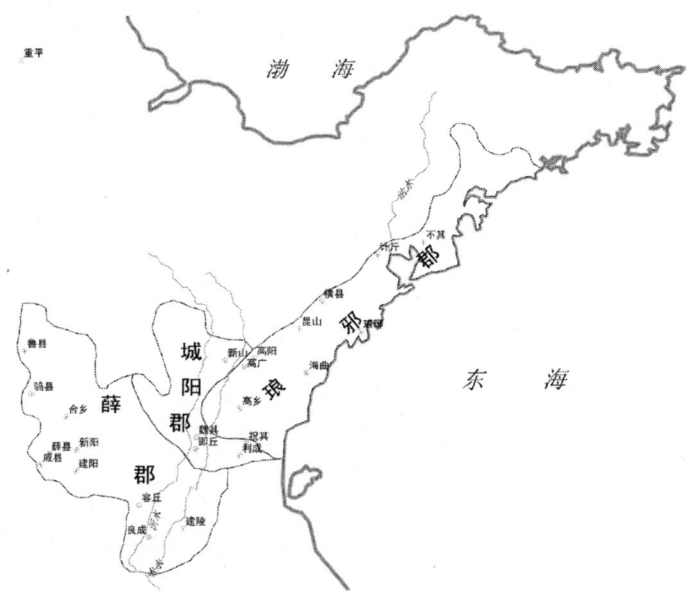

图 3 奚涓鲁侯国、张偃鲁王国、鲁元公主食邑汤沐邑示意图

说明：奚涓鲁侯国－鲁母侯刘疵的国邑，先在鲁，惠帝七年或吕后元年改为重平。吕后元年四月公主卒，吕后立张偃为鲁王，全部继承鲁元公主食邑、汤沐邑。

三、琅邪郡的交通优势和历史地理基础

秦汉，从山东沿海运粮到长安或北边，其路线为

"黄、腄、琅邪负海之郡"。[1] 黄，山东烟台市黄县，后改为龙口市；腄，今烟台芝罘区；琅邪，即胶南市琅琊镇，处于沿海漕运和海运中心。秦汉东方的"并海道"，由吴地并海上，"至琅邪，北至劳、盛山，并海，因之之罘，至平原津"。[2] 琅邪等县，具有海上和内河交通优势。食邑租入，可由内河转漕济水岸上的定陶，由济水上溯黄河，由黄河上溯到渭水。[3] "河渭漕挽天下，西给京师"。《西都赋》所说"泛舟山东，与海通波"。山东齐地为近海漕运中心。或从琅邪入海转漕长安。

汉代列侯有就国者，也有"在长安不就国之列侯与公主"，"遥食其国租税"。[4] 这就需要把租入"转于京师"。文帝二年"列侯仍多居长安，邑远，吏卒给输

---

[1] 《汉书》卷六十四上《主父偃传》，北京：中华书局，2011年，第2800页；《通典》卷十《食货漕运》自注，北京：中华书局，2008年，第213页。

[2] 《史记》卷六《秦始皇本纪》，北京：中华书局2014年，第335页；王充著，黄晖校释：《论衡校释》卷二十六《实知篇》，北京：中华书局，1990年，第1072页。

[3] 史念海：《中国的运河》，西安：陕西人民出版社，1988年，第67页。

[4] 王先谦补注、上海师范大学古籍整理研究所整理：《汉书补注》卷十一《哀帝纪》如淳注、王先谦补注，上海：上海古籍出版社，2008年，第641页。

费苦"。[1] 公主收入，由归公主府的中府掌管，"中府掌握金帛之藏"，赏赐、邑入富厚。[2] 尹湾汉简《集薄》记东海郡有诸侯国相十八人、侯家丞十八人等吏员，说明汉末东海郡有十八侯国。琅邪数城，当有公主家丞即邑丞等为其管理食邑，征收租谷，"头会箕敛"[3]，转漕长安。城阳郡和琅邪数县食邑的租谷和其他收入，集中起来，便于转漕京师。田肯说"齐东有琅邪、即墨之饶"，颜师古说"二县近海，财用之所出"[4]，代表汉唐人对琅邪的认识。从食邑租谷转运说，汉高祖以琅邪数县城为公主食邑，是合理优化选择。

琅邪数县为鲁元公主食邑，有其历史地理背景。汉琅邪郡治东武，在今山东诸城市内，因县西南三十

---

[1] 《史记》卷十《文帝本纪》，北京：中华书局，2014年，第535页。

[2] 《汉书》卷六十五《东方朔传》，颜师古注，北京：中华书局，2011年，第2854页。

[3] 《汉书》卷三十二《张耳陈余传》服虔注，北京：中华书局，2011年，第1831页。

[4] 《汉书》卷一《高帝纪》汉六年十二月田肯语、颜师古注，北京：中华书局，2011年，第59页。

里有汉朝诸县。[1]诸邑，在石台山东北二里。[2]春秋时，诸为鲁邑。琅邪县，故址在今山东胶南市琅邪镇。琅邪台，地在今山东胶南琅邪镇东南。

琅邪为齐东南境上的城邑，齐宣王时齐东境到琅邪。琅邪山对面是斋堂岛，登山观海听涛，心旷神怡。《孟子·梁惠王下》记齐景公对晏子说："吾欲观于转附、朝儛，遵海而南，放于琅邪，比于先王。"转附，即今山东省烟台市芝罘；朝儛，即今山东省威海市荣成成山，这表示齐灵公等有登琅邪山观海听涛之举。战国时越国北上，迁都琅邪[3]，前后都琅邪九十年。[4]越国立观台，周七里，以望东海。琅邪县，"越王勾践尝治此，起馆台"[5]。琅邪台有望越台，相传为勾践所筑。"琅琊，山名也。越王勾践之故国也。勾践并吴，欲霸中国，

---

[1] 李吉甫：《元和郡县图志》卷十一《诸城县》，北京：中华书局，1983年，第298页。

[2] 吴卓信：《汉书地理志补注》卷三十五，清道光刻本。

[3] 《竹书纪年》说周贞定王元年（公元前468年）越徙都琅邪；《吴越春秋》说越王勾践二十五年（周定王五年）。

[4] 勾践迁都琅邪的时间，文献记载不同，今从任会斌《越迁都琅邪时间初考》。

[5] 《汉书》卷二十八上《地理志上》，北京：中华书局，2011年，第1586页。

徙都琅琊。"[1]学者们确信勾践迁都琅邪[2],《中国历史地图集》标琅邪为越国第二国都。今山东胶南学者王景东先生考证,琅琊台附近有越式兵器出土。[3] 鲁顷公二十四年(公元前249)楚灭鲁,齐长城以南少数地区归楚。秦灭楚、齐,设琅邪郡,汉因之。[4] 琅邪为东方沿海经济和航海中心,能支持大规模航海活动。[5] 秦皇、汉武心向往之。秦始皇四次到山东沿海巡行,两次巡行到琅邪:二十八年(公元前219年)封禅泰山后,从渤海绕山东半岛到琅邪,"乃并渤海以东,过黄、腄,穷成山,登之罘,立石颂秦德焉而去。南登琅邪,

---

[1] 郦道元著,陈桥驿校正:《水经注》卷二十六,北京:中华书局,2007年,第630页。

[2] 徐建春:《浙江通史先秦卷》杭州:浙江人民出版社,2006年,第131页;辛德勇:《勾践徙都琅邪事析义》,《文史》2010年1月;王子今:《秦汉交通史新识》北京:中国社会科学出版社,2015年第253页,。

[3] 近年经过考证和实地调查,越都琅琊,胶南市南之琅琊镇,位于胶南县城南稍偏西,地处黄海之滨,现存有琅琊台故址,并有相当数量的越式兵器出土。王景东:《夏河城》,《胶南文史资料》(第2辑)1990年。

[4] 王先谦补注,上海师范大学古籍整理研究所整理:《汉书补注·地理志第八上三》,上海:上海古籍出版社,2008年,第2466页。

[5] 刘凤鸣:《山东半岛与东方海上丝绸之路》,北京:人民出版社2007年,第56页。

大乐之，留三月，乃徙黔首三万户琅邪台下，复十二岁。作琅邪台，立石刻"。三十七年（公元前200年）十一月秦始皇南巡，又从东海北上琅邪，"还过吴，从江乘渡，并海上，北至琅邪"。秦始皇又自琅邪派徐福采药，"遣振男女三千人，资之五谷种、百工而行"[1]，从琅邪遣徐福求仙人、求长生不老药。汉武帝十次巡行海上，三次到琅邪并海上。琅琊海港，是徐福等起航港口，[2]而不是终点。

琅邪不仅经济富裕，海上交通便利，风景优胜，而且是滨海方术文化中心。《史记·封禅书》记齐地八神主中，其中五神主祠地在胶东即今山东半岛：阴主祠三山（位于今山东莱州东北），阳主祠之罘山（在今山东烟台），月主祠莱山（今山东莱州市参山），日主祠成山（今山东威海荣成），四时主祠琅邪。"琅邪在齐东方，盖岁之所始"[3]，齐地多方士，称说海上仙人仙药。秦皇和汉武，为东方海上仙人所吸引。元封

---

[1] 《史记》卷一百一十八《淮南衡山列传》伍被语，北京：中华书局，2014年，第3751页。

[2] 王子今：《秦汉交通史新识》，北京：中国社会科学出版社，2015年，第253页。

[3] 《史记》卷二十八《封禅书》，北京：中华书局，2014年，第1645页。

五年（公元前106年）汉武帝东巡海上，行礼祠八神，并益发船，令言海中神山者数千人求仙人。太始三年（公元前94年）二月，汉武帝巡行东海、琅邪，礼日成山，登芝罘，浮大海。太始四年三月巡行泰山；四月，幸不其山，祠神人于交门宫。"不其：有太一、仙人祠九所，及明堂"。[1]汉武帝六次封禅泰山，在泰山下奉高县明堂接受各郡国上计，以奉高作为东方陪都，借祭泰山考察郡国政务。[2]又在不其建明堂，似有移明堂到琅邪郡不其县之意。今青岛城阳流亭街道西女姑山上，有"明堂遗址及女姑祠，相传汉武所建"。[3]女姑山，距今胶东镇不远，胶东镇在琅邪县北。胶州湾附近各县，有盐铁之利，近沽河和海港，交通便利，神仙信仰传统等优势，其来自远。食邑、汤沐邑等租入，都需要转漕关中，而胶州湾附近的琅邪等县，正是海港。故，鲁元公主食邑于琅邪，是有其历史地理基础的。

综上，本文结论是：

---

[1]《汉书》卷二十八上《地理志上》，北京：中华书局，2011年，第1585页。

[2] 安作璋《山东通史》秦汉卷，北京：人民出版社，2009年，第40页。

[3] 顾炎武：《肇宇志》卷十六，"即墨县汉胶东国"，上海：上海古籍出版社，2012年，第935页。

1. 汉初公主们食邑、汤沐邑多位于东方诸侯王国内，而少有在汉朝自有十五郡内，古今学者多误解"颇"字义。

2. 服虔说鲁元公主食邑于鲁，误。汉初公主多以外家姓氏命名之，如《二年律令》所载李公主、申徒公主、荣公主、傅公主等，或为高祖其他姬妾之女，或为惠帝后宫姬妾之女。[1] 鲁元公主命名，有其独特的原因，吕后姊妹之子被命名为吕平，推测高祖和吕后嫡长公主也许曾被称为吕公主。汉五年，她成为赵王张敖的王后。惠帝二年，齐王刘肥尊她为齐王太后。吕后五年，子张偃为鲁王。长公主死后，被追谥为鲁元太后。史家追述历史时，称鲁元公主。鲁元公主，不是以所食之邑命名之，不能据此说鲁元公主食邑于鲁。

3. 作者认同王国维关于鲁元公主食邑为琅邪邑的观点。

4. 汉高祖六年鲁县已有鲁母侯疵国4800封户，不可能再有民户；根据张敖尚公主和汉封肥齐王的时

---

[1] 王子今、范培松：《张家山汉简〈秩律〉四公主说》，《陕西历史博物馆馆刊》第9辑，2002年。

间以及叔孙通制礼、汉家封侯益封并以地里就近为原则、齐王献城阳郡细节、地图和上计制度、行政区划变迁、汉初列侯国多居长安而国邑在关东、吕后立刘泽为琅邪王而又反悔的态度、汉文帝元年琅邪、城阳、济南等回归齐国等情况，本文作者认为，当汉高祖六年封庶长子刘肥为齐王时，很可能鲁元公主同时获食邑于齐国琅邪郡琅邪县及附近二三县。

5. 琅邪数城，大致范围当在今胶州湾附近，即今山东诸城、胶县、即墨、日照东港区、胶南等地之间。

6. 琅邪等数城，能成为鲁元公主食邑，是有其深远的历史地理基础的。琅邪海滨胜地、东方海上航海的中心、东方八神信仰中四时主祠之地，交通便利，有渔盐经济之利。勾践都琅邪九十年，起观台。秦始皇两次巡行琅邪，逗留三月，刻石，作琅邪台，汉武三次巡行到琅邪并沿成山、芝罘傍海到平原津。以琅邪为公主食邑，其租入，可以由内河，或海运转漕关中，到长安宣平门附近，距宣平侯第已经不远。

汉唐长安的粮食供应与关中天地人关系的消长

秦汉时兴修的郑白渠,是关中泾水流域著名的水利灌溉工程。自战国至明代,关中盆地一直享有"天府"及"天府之国"的美誉。[1]刘敬说关中是"美膏腴之地"。司马迁认为关中财富居天下十之六。《汉书·沟洫志》有郑白渠"衣食京师亿万之口"的歌谣,班固《两都赋》又有"郑白之沃衣食之源"的说法。张衡《西京赋》盛赞关中"地沃野丰,百物殷阜"。郑白渠"衣食京师亿万之口"的说法,在历史上流传了二千多年。多种史书、地理书、农书、类书、诗歌总集、经书,都征引这句话。元明清时五六十位江南籍官员,提出发展华

---

[1] 王双怀:《中国历史上的"天府之国"》,《陕西师范大学学报》2008年第4期。《新华文摘》2008年第22期转载。

北西北水利以就近解决京师粮食供应的主张，其历史根据就是汉唐京师长安的粮食供应依赖关中，无须海运漕运东南粮食。其实这种认识，是不准确的。古往今来，人们深信"泾水一石其泥数斗"和"衣食京师亿万之口"。郑白渠果真"衣食京师亿万之口"吗？如果不是，汉唐大一统皇朝首都长安的粮食来自何方？关中为什么不能提供足够的粮食？这里的天地人关系发生了什么变化？这个问题给我们什么启示？这些都是值得思考的问题。

在中国历史上，汉唐京师长安的粮食供应是一个非常重要的问题，当时君臣曾致力于解决这个问题。在今天，仍然是一个比较重要的学术问题。20世纪以来，学者们从漕运仓储、官禄民食、生计生产、供需商贸等相关角度探讨了这个问题。三十年来，更有学者专门研究汉唐长安的粮食供应问题，对于长安粮食的来源，学者们提出了三种意见，一种意见认为，长安粮食依赖东南漕运；另一种意见认为长安粮食依赖关中[1]；再一种意见认为长安粮食供应，因人口、时间等因素而异。[2] 粮食问题，不仅是一个经济问题，而且是一个政治问题，还是一个与自然环境变化有关的问题。[3] 因此，围绕汉唐京师长安的粮食问题，还要做大量深入细致的研究工作。本文将从关中天地人关系消长角度，来探讨汉唐京师长安的粮食供应问题。

一、汉唐京师长安的粮食供应

汉唐时京师长安的粮食供应，并不完全依赖关中，而是部分地依赖东南漕运。东南指函谷关以东的

---

[1] 王永太：《西汉建都关中与粮食供应》，《浙江学刊》1986年第6期；余蔚《浅谈唐中叶关中地区粮食供需状况——兼论关中衰弱之原因》，《中国农史》1999年第1期；赵建勇：《唐关中农业与长安城粮食供应研究》，西北农林科技大学2008年硕士学位论文，指导教师樊志民教授。

[2] 王朝中：《唐代安史乱后漕粮运量骤降原因试探》，《中国社会经济史研究》1984年第3期；王朝中：《唐朝漕粮定量分析——兼论粮食问题同唐中央政权盛衰的关系》，《中国史研究》1988年第3期；王永太：《隋唐都城的粮食供应》，《浙江学刊》1987年第5期；徐宏件《论唐都长安的粮食供应》，陕西师范大学2007年硕士学位论文，指导教师王双怀教授。

[3] 蓝勇：《从天地生综合角度看中华文明东移南迁的原因》，《学术研究》1995年第6期。

山西、河南、山东和江淮地区。汉初,"漕转山东粟,以给中都官,岁不过数十万石"。[1]汉武帝初期,"漕从山东西,岁百余万石"。[2]由于漕运经砥柱之限,以及渭水水道曲折,加上封冻和水量不足,一年中只可通航六个月。元光六年(公元前129年)开始修漕直渠,漕运里程减少600里,漕运较为便利。[3]此后,"岁漕关东谷四百万斛以给京师"成为汉家制度。再后来,"山东漕益岁六百万石,一岁之中,太仓、甘泉仓满,边余谷"。[4]山东粟、关东谷,指河南、山西之粮食。漕粮使"京师……太仓之粟陈陈相因,充溢露积于外,至腐败不可食"。[5]司马迁关于京师富庶的描述,给人留下了多么美好的印象。但是有谁知道,汉朝京师的富庶,关东作出了巨大的贡献。

唐初,漕运规模不大。贞观、永徽之际,长安主要依赖关中,每年从山东(崤山以东)转运至关中者

---

[1]《史记》卷三十《平准书》,中华书局1959年点校本。
[2]《史记》卷二九《河渠书》,中华书局1959年点校本。
[3]《汉书》卷二四上《食货志》,中华书局1962年点校本。
[4]《史记》卷三〇《平准书》,中华书局1959年点校本。
[5]《史记》卷三〇《平准书》,中华书局1959年点校本。

不过一二十万石。开元初,每年约运一百万石。开元二十二年至二十五年(734—737年),三年才运七百万石。天宝中,每年约运二百五十万石。[1] 肃、代、德时代(756—804年),京师依赖江淮漕运。只要藩镇隔绝,"南北漕引皆绝,京师大恐"。德宗贞元元年(785年),"太仓供天子六宫膳不及十日,禁中不能酿酒"。于是增江淮之运,从浙江东西道、江西、湖广、鄂岳、福建、岭南,共运米300万石,江西节度使韩滉、淮南节度使杜亚,运至东西渭桥仓。岁终,宰相计课最。[2] 贞元二年(786年)四月,关中仓廪皆竭,禁军激愤,险些酿成兵变,当韩滉运米三百万石至陕时,德宗得知后,"上喜,遽至东宫,谓太子曰:'米已至陕,吾父子得生矣'"。[3] 漕运粮解决了皇室和禁军卫士的粮食供应,缓解了可能发生的禁军兵变。可见东南漕运,对汉隋唐京师长安的重要。

当时许多人都认识到东南漕粮对长安的重要。萧

---

[1] 王朝中:《唐代安史乱后漕粮运量骤降原因试探》,《中国社会经济史研究》1984年第3期。

[2] 《新唐书》卷五三《食货志三漕运》,中华书局1975年点校本。

[3] 《资治通鉴》卷二三三《唐纪四十八》,德宗七,贞元二年四月,中华书局2011年点校本。

颖士说："兵食所资在东南。"[1] 白居易说，都畿者，利称近蜀之饶，未能足其用；田有上腴之利，不得充其费。"国家岁漕东南之粟以给焉，时发中都之廪以赈焉。所以赡关中之人，均天下之食，而古今不易之制也"。[2] 德宗时，刘晏说，江淮、潇湘、洞庭、衡阳、桂阳漕船，"西指长安。三秦之人，待此而饱；六军之众，待此而强"。不仅使"天子无侧席之忧，都人见泛舟之役；四方旅拒者可以破胆，三河流离者于兹请命"。[3] 而且"舟车既通，百货杂集，航海梯山，可追贞观、永徽之盛"。[4] 宪宗敕书："军国费用，取资江淮"。[5] 权德舆说："赋取所资，漕挽所出，军国大计，仰于江淮。"[6] 宣宗制书："《禹贡》九州，淮海为大，幅员八郡，井赋甚殷……

---

[1]《新唐书》卷二〇二《萧颖士传》，中华书局1975年点校本。

[2]《文苑英华》卷五〇一《策问二十五》，白居易《议罢漕运之可否》，中华书局，1966年。

[3]《旧唐书》卷一二三《刘晏传》，中华书局1975年点校本。

[4]《新唐书》卷一四九《刘晏传》，中华书局1975年点校本。

[5]《全唐文》卷六三《元和十四年七月二十三日上尊号敕》，中华书局，1983年。

[6] 巫宝三主编：《中国经济思想史资料（三国两晋南北朝隋唐部分）》，北京：中国社会科学出版社，1992年。

通彼漕运，京师赖之。"[1]这说明唐代君臣都认识到，江淮漕运对京师粮价稳定，以及政治经济的重要作用。晚唐皮日休《汴河怀古》云："尽道隋亡为此河，至今千里赖通波。若无水殿龙舟事，共禹论功不下多。""隋之疏淇汴，凿太行，在隋之民不胜其害也，在唐之民不胜其利也。今自九河外，复有淇汴，北通涿鹿之渔商，南运江都之转输，其为利也博哉！……天假暴隋，成我大利……在隋则害，在唐则利。"[2]隋开运河为隋民之害、唐朝之利，宋张洎、明丘浚的评论，大要不出其范围。

二、长安纯消费性人口的增长

为什么汉唐需要漕运东南粮食接济长安？这完全取决于关中天地人关系的消长。传统观点认为，户口多则国家强盛。但是，纯消费性人口的增长，即长安皇室、京官、禁军、士人等多种消费人口的增长，需

---

[1]《全唐文》卷七六三《授杜琮淮南节度使制》，北京：中华书局，1983年。

[2]《文苑英华》卷七八八《铭三·汴河铭》，北京：中华书局，1966年。

要消耗大量粮食,他们是东南漕粮的直接受益者、消耗者。京师纯消费性人口的增加,而关中生产投入的不足——国有土地数量减少(水利灌溉面积减少)和劳动力数量不足,是造成汉唐京师长安粮食供应依赖东南漕运的重要因素。古人常说,地小人众、人胜于地、生之者少食之众,并非老生常谈,而是反映了人们对粮食问题的忧患意识。

京师皇室及服务人口众多。汉武帝时,司马迁就感受到了长安人口对土地的压力。《史记》卷一百二十九《货殖列传》称长安"四方辐凑,并至而会,地小人众",是当时三个地小人众的地区之一。《汉书·地理志》记汉平帝元始二年(公元2年)京兆人口就有68万多,人口密度为95人/平方公里。[1] 长安县的人口已达到8万余户,24万口。西晋时关中人口百余万。[2] 唐长安人口约70万[3],其中,唐皇室宗室人口至少在3万人,开元、天宝中,宦官5000～10000人,

---

[1] 葛剑雄:《西汉人口地理》,北京:商务印书馆,2014年,第110页。
[2] 《晋书》卷五六《江统传》,中华书局1974年点校本。
[3] 王社教:《论唐都长安的人口数量》,史念海主编《汉唐长安与关中平原》,《中日历史地理合作研究论文集》第2辑,《中国历史地理论丛》1999年增刊,第88～116页。

西汉贵族的甲第与食邑

宫女约5万人，官奴婢有3万人，工匠乐户3万~4万人。[1] 总之，皇室及其服务人口大约15万。

京师官员人数增加。官员中，有京官（内官）和外官之分；胥吏中，有京师胥吏和外地胥吏之别。京官（内官），指京师帝王之官。内职掌，指为帝王及其家属服务的人员。职掌，指胥吏。[2] 京官和京吏之俸禄和粮料，由太仓支给。西汉哀帝（公元前6—前2年）全国官吏130285员[3]，唐开元二十五年（737年）全国官吏368668员[4]，700年间，唐比汉增加了近3倍。西汉京师官吏数，史书不载。东汉（25—220年）京官1055员、京吏14225员[5]；唐贞观六年（632年）京官640多员；开元二十五年京官2620员、京吏35107

---

[1] 薛平栓：《陕西历史人口地理》，北京：人民出版社，2001年，第102-119页。

[2] 《通典》卷三六《职官典一·秩品一》周官条和后汉官秩差次条；卷四十《职官二十二·秩品五》，中华书局1988年点校本。

[3] 《通典》卷三十六《职官十八·秩品一》《通典》卷十九《职官典一·官数》，中华书局1988年点校本。

[4] 《通典》卷四十五《职官二十二·秩品五》《通典》卷十九《职官典一·官数》，中华书局1988年点校本。

[5] 《通典》卷三十六《职官十八·秩品一》，中华书局1988年点校本。

员。[1]500年间，唐比汉增加了2.46倍。100年间，开元比贞观增加了4倍。

官员人数的增加，意味着禄米、职分田等的增加。唐京官有禄米、俸料、职分田、公廨田。京官，禄米自七百石至五十二石不等，外官禄米减京官一等。[2]京官禄米，以太仓之粟充之。京官禄米一年约五十余万石。[3]京官俸料，包括月俸钱、食料、杂用、课钱四部分，分别指官员购买粮食以外的生活必需品补助、工作餐和个人生活补助、自备工作所需物品补助、护卫和庶仆代役使钱之补助。[4]上述四项，后来合并为一种俸料供给。京官及外官，都有职分田和公廨田。京官及文武职事各职分田，自十二顷至二顷不等，并去京城百里内给。京兆、河南府及京县官人的职分田，京城百里外给。京官公廨田，自二十六顷至二顷不等。"自大历以来，关中匮竭，时物腾贵，内官不给。乃

---

[1]《通典》卷四十五《职官二十二·秩品五》；《通典》卷十九《职官典一·官数》，中华书局1988年点校本。

[2]《通典》卷十九《职官典一·禄秩》，中华书局1988年点校本。

[3]《新唐书》卷五五《食货志五》，中华书局1975年点校本。

[4] 黄惠贤、陈锋主编：《中国俸禄制度史》，武汉：武汉大学出版社，1996年，第181、189页。

减外官职田三分之一，以给京官俸。每岁通计，文武正员、员外官及内侍省、闲厩、五坊、南北衙、宿卫并教坊内人家粮等，凡给米七十万石。"[1]

汉唐京官禄米取给太仓，是漕粮支出的大宗。汉官品级，以俸禄粮石数为名，如二千石、中二千石等。唐德宗建中年间，杜佑上奏："当开元天宝之中，四方无虞，百姓全实。大凡编户九百余万，吏员虽众，经用虽繁，人有力余，帑藏丰溢，纵或枉费，不足为忧。今兵革未宁，黎庶凋瘵。数年前，天下籍帐到省百三十余万户。自圣上御极，分命使臣，按地收敛，土户与客户共计得三百余万，比天宝才三分之一，就中浮寄乃五分有二。出租赋者减耗若此，食租赋者岂非可仍旧？"[2] 官员数量的增加，而交纳租赋者减少，是当时主要的政治经济问题，影响到京师长安的粮食供应，引起经国大臣的忧虑。

京师军队人数众多。武德年间，禁军约3万人。开元二十六年（738年）北门禁军约3万人。自开元至天宝，驻守京师的宿卫兵约10万人，其中北门禁军3

---

[1]《通典》卷三五《职官典十七·禄秩》，中华书局1988年点校本。
[2]《通典》卷四〇《职官典二十二·秩品五》，中华书局1988年点校本。

汉唐长安的粮食供应与关中天地人关系的消长

万人,长从宿卫66000人。加上驻守同州、华州、歧州等军队,约12万人。[1] 唐前期府兵自办衣粮,而募兵则由国家供养。如按《汉书·食货志》"食,人月一石半"计,则12万军士,一年至少需要二百万石军粮,而不包括马料在内。天宝中,度支岁计,粟则二千五百余万石,其中三百万折绢布入两京库,三百万石回充米斗供尚食及诸司官厨等料并入京仓,四百万江淮回造米转入京,充京官禄米及诸司粮料,五百万留当州官禄及递粮,一千万诸道节度使军粮及贮当州仓。[2] 长安的皇宫尚食、京官禄米及折色占一千万石,各地节度使军粮约一千万石。皇粮、年粮、禄米,占漕运的大部分。建中二年(781年),沈既济上疏:"臣尝计天下财赋,耗斁之大者,惟二事焉,最多者兵资,次多者官俸,其余杂费,十不当二事之一,所以黎人重困,杼轴犹空。"[3] 吕祖谦说:"大抵这两事,常相为消长,兵与漕运常相关。所谓宗庙、社稷之类,十分不费一

---

[1] 薛平栓:《陕西历史人口地理》,北京:人民出版社,2001年出版,第118~119页。
[2] 《通典》卷六《食货典六·赋税下·大唐》,中华书局1988年点校本。
[3] 《旧唐书》卷一四九《沈传师传》附载《沈既济传》,中华书局1975年点校本。

分；所费广者，全在用兵。所谓漕运常视兵多少。""唐太宗以前，府兵之制未坏，未尽仰给大农，所以唐高祖、太宗运粟于关中不过十万。后来明皇府兵之法渐坏，（募）兵渐多，所以漕粟自此多。……府兵之法坏，聚兵既多，所以漕运不得不详矣。"[1]汉唐长安漕运的增加，与禄米、军粮有直接关系。

京师士人太多。读书人口增加，是使京师粮食消费增加、物价上涨的重要因素。隋官制，对唐乃至对中国后期皇朝影响甚巨。在影响京师长安粮食供应问题上，有两点值得注意：第一，隋废除九品中正制，举行科举考试，读书人要到京师参加科举考试。第二，隋官员任命考核权归吏部，所有官员都要到京师等待铨选。这两种人聚集到京师，影响到京师的粮食供应和物价平稳。当时官员曾论及于此。开元三年（715年）张九龄上疏说，"每岁选者动以万计，京师米物为之空虚"。[2]开元十七年（729年）国子祭酒杨悦说："每年应举常有千数，及第两监不过一二十人。恐三千学

---

[1]《文献通考》卷二五《国用考三·漕运》引，中华书局2011年点校本。
[2]《通典》卷十七《选举五》，中华书局1988年点校本。

徒，虚费官廪；两监博士，滥糜天禄。"[1] 约玄宗开元后期，洋州刺史赵匡上奏论科举弊端，第九条"官司运江淮之储，计五费其四，乃达京邑。刍薪之贵，又十倍四方。而举选之人，每年攒会，计其人畜，盖将数万，无成而归，徒令关中烦耗，其弊九也。"[2] 科举考试中举者，比例非常低，但参加者众多，而从江淮漕运粮食到长安，非常昂贵；京师物价又高。每年参加科举考试将近万人，徒然浪费京师粮食。这些人消耗了长安来之不易的江淮漕运米。

德宗时，礼部员外郎沈既济上奏论科举弊端，提出"当今天下凋敝之本实为士人太多"的观点，他说："自隋罢外选，招天下之人，聚于京师。春还秋往，乌聚云合，穷关中地力之产，奉四方游食之资，是以筋力尽于漕运，薪粒方于桂玉，由是斯人，索我京邑"；"当今天下凋敝之本，实为士人太多。何者？凡士人之家，皆不耕而食，不织而衣，使下奉其上不足故也。大率一家有养百口者，有养十口者，多少通计，一家不减二十人，万家约有二十万口。"他主张，如果一万

---

[1]《通典》卷十七《选举五》，中华书局1988年点校本。
[2]《通典》卷十七《选举五》，中华书局1988年点校本。

人在当地参加科举考试，则"我减浮食之口二十万，彼加浮食之人二十万；则我弊益减，而彼人益困。"[1] 减少浮食人口，可以稳定京师物价。

洋州是天宝之乱后，江淮漕运，自汉水达洋州以输于扶风的必经之地。洋州刺史赵匡，亲历督漕艰难；礼部官员职掌贡举之政令，礼部员外郎沈既济，亲见京师贡举人数之多，亲历职事之繁。因此他们关于唐德宗时代京师物价昂贵、漕粮运输艰难、粮食消费繁重的认识，反映了实际情况。

杜佑又探究了官制和科举弊端产生的根由，乃是唐代州郡县数量增多，选官途径增多，选官权悉归吏部。秦代列郡四十，两汉郡国百余，唐朝则有三百五十郡。郡县增加，必然增加官员数量。"秦法，农与战始得入官。汉有孝悌、力田、贤良、方正之科；岁郡国率二十万口贡止一人，约计当时天下推荐，天下才过百数……开元、天宝之中，一岁贡举，凡有数千。而门资、武功、艺术、胥吏，名目众多……比于汉代，且增数十百倍。安得不重设吏职"。自隋文帝开始，"内

---

[1]《通典》卷十八《选举六》，中华书局1988年点校本。

外一命，悉归吏部……执政参吏部之职，吏部总州郡之权"。到京师参加铨选官员的数量必然增加。杜佑建议"俾士寡而农工商众，始可以省吏员，始可以安黎庶"。[1]

京师佛道人口增多。唐长安佛寺众多，开元年间韦述统计，长安有佛寺64所，尼寺27所，共计91所。徐松《唐两京城坊考》记载长安有佛寺81所，尼寺28所，共计109所。长安附近及秦岭山上还有许多佛寺，估计天宝时长安及其附近地区的佛寺至少在130~150所。如果按照每寺200人计，则长安及其地区的僧尼26000~30000人。长安城内共有道观30所，如果按照每所道观50人计，则有道士女冠5000人左右。[2]寺院道观占有大量土地及其地租收入。但寺院道观占地，不交纳税粮会减少关中纳粮地亩。杜佑指出关中粮食消费增多，是由于"仕宦之途猥多，道释之教渐起，浮华浸盛，末业日滋"等社会因素。[3]

---

[1] 《通典》卷十八《选举六》，中华书局1988年点校本。
[2] 薛平栓：《陕西历史人口地理》，北京：人民出版社，2001年，第116~119页。
[3] 《通典》卷一七四《州郡典四》，中华书局1988年点校本。

总之，盛唐时，长安人口约70万，其中依赖国家供给粮食的人口约32万，包括皇室及服务人员15万、京官和京吏37727，禁军和附近驻军12万，到京师参加选官和科举者最高1万等四种人口。如按每人年需18石计[1]，长安依赖国家供给的30余万人口，约需粮食580万石左右。[2]

三、关中水利田和劳动人口投入的不足

关中郑白渠下农田，一年是否能提供580万石左右的粮食？土地，作为自然环境要素，指土壤、水系、动植物和气候等；作为生产要素，指耕地。关中生产投入不足，使其不能生产更多粮食。生产投入不足，指水利田面积的减少和劳动力人口的不足；人口减少，

---

[1] 《汉书·食货志》："食，人月一石半。"
[2] 此处的估算是否保守？《晋书》卷五十六《江统传》载其《徙戎论》说："关中之人百余万口，率其少多，戎狄居半。"如发生水旱，倾关中之谷来救济，亦无济于事。不如徙戎，使其自相赡养，"秦地之人得其半谷"。半谷，指每人每年需九石，则关中汉人五十万，约需450万石。如果按年需十八石计，则需900万石。但是京师人口最多占关中人口半数，则一年仍需450万石。则唐长安城中依赖国家供给的32万人口年需580万石，是比较适中的估算。

指关中向国家纳粮的农业劳动力（课户课口）的减少。在劳动人口素质、生产工具和技术水平不变时，耕地数量和劳动力数量投入的增加，是生产发展的关键因素。耕地和纳粮户口，才是统一皇朝发展的地理和物质基础。与消费人口的增加相反，关中土地生产能力不足，民田不足、水田减少，农业劳动力分散。

首先，耕地总量变动不大，但是关中为国家纳粮的土地面积减少。当秦孝公（公元前361—前338年）用商鞅变法时，关中地多人少，三晋人多地少，关中是吸引三晋的宽乡。到北朝和隋唐时，一千年间，关中人地关系发生了根本性变化，由地广人稀，变成地少人众；由"宽乡"变成"狭乡"。宽乡指土地充足农户受田多，狭乡指土地不足农户受田少。为什么关中水利田面积会减少？大致有四种因素：

（1）王侯之家（食封之家）数量增加，使水利田面积和农户减少。分封，就是允许王侯之家直接占有大量耕地及其民户，自收租税。这必然减少国家的纳粮户和租税收入。汉初王侯百余人，王侯占地大者或五六郡，连城数十。王侯土地多在东南。朝廷只有三河、东郡、颖川、南阳，自江陵以西至蜀北，自云中至陇西与内史,共十五郡,[1]而公主列侯食邑多在东方诸侯王国内。[2]因此,汉初,每年从关东漕运以供给京师,不过数十万石。原因是京师官员数量少、朝廷自己领有的郡县少。汉武帝削弱诸侯王,名山陂海尽归朝廷,汉郡八九十;诸侯国大者不过十余城,小者不过数十里。[3]汉武帝、宣帝时每年漕运东南四百万至六百万石粮食到京师。"武宣以后,诸侯王削弱,方尽输天下之粟。汉之东南漕运,至此始详"。[4]

唐封爵九等,虽无其土,加实封者受国家租庸。自武德至天宝,实封者百余家。[5]封家食邑,遍据天下膏腴美地。到中宗景龙(707~710年)时,"恩幸食邑者众,封户凡五十四州,皆据天下上腴,一封分食数州,随土所宜,牟取利入。至安乐、太平公主,

---

[1] 《史记》卷十七《汉兴以来诸侯年表》,中华书局1959年点校本。
[2] 《史记》《汉书》都记载为列侯公主食邑,多在汉朝廷所有十五郡。作者最新研究,否定了《史记》《汉书》的这一说法,见本书《汉初鲁元公主食邑考》第一部分。
[3] 《史记》卷十七《汉兴以来诸侯年表》,中华书局1959年点校本。
[4] 《文献通考》卷二五《国用考三·漕运》引,中华书局2011年点校本。
[5] 《通典》卷十九《职官典一·封爵》,中华书局1988年点校本。

率取高赀多丁家"。[1] 唐初九等封爵，不是实封，只是虚封，但他们接受国家租庸。武德（618—626年）至天宝（742—755年），百余家受实封。食邑遍据天下膏腴美地，多数封户，都是高赀多丁家庭。因此，封家占据了更多的国家租税。

于是，韦嗣立上书，论封户之费："食封之家，其数甚众。昨问户部云用六十余万丁，一丁绢两匹，凡百二十余万匹。臣顷在太府，每岁庸绢不过百万，少则六七十万匹，比之封家，所入殊少。……国初，功臣食封者，不过三二十家。今以恩泽食封者，乃逾百数。国家租赋，大半私门。私门有余，徒益奢侈。公家不足，坐致忧危。"[2] 自至德二年（757年）至大历三年（768年），食实封者二百十五家，[3] 则大历时比唐初，一百五十年间增加了七八倍。凡食四万四千八百六十户。自至德元年（756年）至大历三年（768年），封异姓为王者，凡百一十二人。[4] 十来年，封家增加了二

---

[1] 《新唐书》卷一一六《韦嗣立传》，中华书局1975年点校本。
[2] 《旧唐书》卷八八《韦嗣立传》，中华书局1975年点校本。
[3] 《通典》卷十九《职官典一·封爵》，中华书局1988年点校本。
[4] 《通典》卷三一《职官典十三·历代王侯封爵》，中华书局1988年点校本。

倍多。封家增加，向封家交纳租粮的农户增加，而国家的纳粮户减少，赋税收入减少。

因此，监察御史宋务光建议，禁止封家自征租税，一切附租庸输送。韦嗣立建议，纳粮户交纳租庸后，"封家诣左藏仰给，禁止自征，以息重困"。[1] 即由州县官员代收封户的租庸，封家到国家左藏库领取自己的租税收入。直到唐玄宗开元十年（722年）规定："公主皆封千户，遂成其例。""凡诸王及公主以下，所食封邑，皆以课户充。州县与国官、邑官，共执文帐，准其户数，收其租调，均为三分，其一入官，其二入国。公[主]所食邑，则全给焉。二十年（732年）五月敕：'诸食邑实封，并以三丁为限，不须一分入官。其物仍令封随庸调，送入京"。[2] 从开元十年至开元十九年，诸王及公主以下所食封邑，其收入，是纳税户租调三分之二归诸王，三分之一归州县。公主一千封户的租调，全部归公主所有。到开元二十年，又规定，食邑封户，自户以三丁为限，不须三分之一入官，而是全归封家

---

[1]《新唐书》卷一一六《韦嗣立传》，中华书局1975年点校本。
[2]《通典》卷三一《职官典十三·历代王侯封爵》，中华书局1988年点校本。

所有。但其租入，随庸调送入京师。封邑遍及全国。但关中封邑数量，无疑会占很多，直接占有了国家的租庸调收入。

（2）隋唐京官的职分田、公廨田、赐田，多在京城百里内外，减少了关中纳粮土地和农户，从而减少了关中的土地生产能力和国家收入。隋朝开皇初，苏威认为京师"户口滋多，民田不赡。欲减功臣之地，以给民。"但王谊说："正恐朝臣功德不建，何患人田有不足。"[1] 功臣土地多，而民田不赡。关中及三河，民田不足尤甚。开皇十二年，"时天下户口岁增，京辅及三河地少而人众，衣食不给。议者咸欲徙就宽乡。其年冬，帝命诸州考使议之，又令尚书以其事策问四方贡士，竟无长算。帝乃发使四出，均天下之田，其狭乡，每丁才至二十亩，老小又少焉"。[2] 河北、河东、河南及关中，成为著名的狭乡，也是人口密度最高的地区之一。[3]

---

[1]《隋书》卷四〇《王谊传》，中华书局1973年点校本。

[2]《隋书》卷二四《食货志》，中华书局1973年点校本。

[3] 薛平栓：《陕西历史人口地理》，北京：人民出版社，2001年，第233页。

（3）佛道寺院占地甚多。狄仁杰说："膏腴美业，倍取其多，水碾庄园，数亦非少。"[1]

（4）长安皇宫、王府、官邸、旅舍、民用和商业建设的增加。以上诸多因素，都使关中耕地减少。

其次，权势之家占有耕地，势必占有水利资源，关中郑白渠灌溉面积减少。唐朝重视水利事业，盛唐时关内道水利工程9项，次于河北道和河南道。[2]关中水利工程，大半因汉魏之旧，但是工程数量、新辟水源和营建技术上都超过了前代。同州，自龙门引黄河溉田六千余顷。朝邑、河西，引洛水和黄河水灌田，水利工程向渭河南岸扩展。[3]但是郑白渠的灌溉面积减少了。秦汉时郑白渠灌溉面积有4万余顷。唐朝权势之家多在泾河渠道两岸设置水磨牟利，使水量减少，灌溉面积减少。高宗永徽六年（655年），雍州长史长孙祥奏说："往日郑白渠溉田四万余顷，今为富僧大贾

---

[1] 《旧唐书》卷八九《狄仁杰传》，中华书局1975年点校本。

[2] 王双怀：《唐代水利建设的成就》，载《历史地理论稿》，长春：吉林文史出版社，2008年，第109页。

[3] 侯甬坚：《区域历史地理的空间发展过程》，西安：陕西人民教育出版社，1995年，第91~95页。

竞造碾硙，止溉一万许顷"。[1]在高宗、玄宗、代宗、宪宗时代，王公权要之家以水碾阻断水流妨碍民田的情况，非常严重，京兆府的官员不止一次地依法撤去私碾，但是不久就恢复如旧。"至大历中，水田才得六千二百余顷"。[2]自大历到宝历六十年间，上游泾阳县权势之家阻断水流，影响了下游高陵县灌溉。[3]要之，围绕郑白渠水利所进行的水磨和灌溉之争，实际是豪强与农户争夺水资源的使用权，从而争夺国家的经济利益。郑白渠的灌溉能力，大大降低了。

再次，劳动力投入不足，关中社会总人口中，从事农业劳动的人口不足。唐朝京师各种消费性人口增长，而为国家纳税的农业生产力人口减少了，中唐以后情况尤甚。不少官员都指出，佛道人数增多，劳动力人口减少，从而减少了国家税收。狄仁杰说："逃丁避罪，并集法门。无名之僧，凡有几万。"[4]佛教寺院集聚了大量壮年劳动力，他们既不交粟、绢布，又不

---

[1] 李吉甫：《元和郡县志》卷一《关内道一》，中华书局1983年点校本。
[2] 《通典》卷二《食货典二·水利田》，中华书局1988年点校本。
[3] 刘禹锡著，卞孝萱校订：《刘禹锡集》卷二八《高陵令刘君遗爱碑》，北京：中华书局，1990年。
[4] 《旧唐书》卷八九《狄仁杰传》，中华书局1975年点校本。

服役，严重影响了国家的财政收入。李峤说："道人私度者几数十万人，其中高户多丁……且国计军防，并仰丁口，今丁口皆出家，兵悉入道，征行租赋，何以补之？"[1]道教庙宇，同样集聚大量壮年劳动力，使国家无法有效补充兵力，也无法征收租赋。

姚崇说："自神龙以来，公主及外戚皆奏请度人。……富户强丁皆经营避役。"杨炎说："凡富人多丁者，率为官为僧，以色役免。贫人无所入则丁存，故课免于上而赋增于下，是以天下残瘁，荡为浮人，乡居地著者百不四五，如是者殆三十年。"[2]公主外戚奏请度人入寺院，而富户多丁之家，多投奔寺院，以规避交税、服役的义务。这样国家减少了租税收入。地方政府为了保证税额，就增加现存人户的租调，结果贫弱者无力承担加重的租调，就四处流散，造成土著人口大幅减少，最多的地区减少半数。这种情况已持续三十年。佛教道教的寺院，占有土地、荫附避役农民，而为国家纳税的劳动人口大大减少了。

德宗时，礼部员外郎沈既济指出，"近代以来，

---

[1]《新唐书》卷一二三《李峤传》，中华书局 1975 年点校本。
[2]《旧唐书》卷一一八《杨炎传》，中华书局 1975 年点校本。

入仕之门太多，贵胄之家太优，禄利之资太厚。入仕者多，则农工益少；农工益少，则物不足，物不足则国贫。九品之家，不纳赋税，子弟又得荫补恩奖，坐食百姓。得仕者如升仙，不仕者如沈泉。欢娱忧苦，若天地之相远，禄利之资太厚"。[1] 中唐以后，入仕门庭增加，农工数量减少，生产者减少，国家财富不足，日益贫困。同时贵族之家，享受优免赋役的好处，子弟又获荫官、补官，坐食百姓。社会两极分化，若天壤之别。尽管缺少数量统计，但为国家纳粮农业劳动力减少，而仰食于太仓者增多，确是唐人比较普遍的看法。

汉唐时，关中生产的粮食，不足以供应长安。隋文帝开皇十四年（594年），关中大旱，隋文帝率百官、百姓到洛阳"就食"。[2] 唐高宗、武则天和唐玄宗等，时常到东都洛阳"就食"。"就食"，就是到粮食充足的地方去，解决口粮问题，解决吃饭问题。武则天前后

---

[1] 《通典》卷十八《选举六》，中华书局1988年点校本。
[2] 《通典》卷五《食货典五·赋税中》，中华书局1988年点校本。

西汉贵族的甲第与食邑

居洛阳30年210天。[1]关中粮食不足,洛阳漕运便利,粮食丰富,当是原因之一。

永淳二年(683年)十二月二十七日唐高宗逝于东都洛阳紫微宫贞观殿。大臣们想送高宗灵柩回长安。陈子昂上奏:

> 臣闻秦都咸阳之时,汉都长安之日,山河为固,天下服矣。然犹北取胡宛之利,南资巴蜀之饶,自渭入河,转关东之粟;逾沙绝漠,致山西之储。然后能削平天下,弹压诸侯。……今则不然,燕代迫匈奴之侵,巴陇婴吐蕃之患,西蜀疲老,千里赢粮。北国丁男,十五乘塞,岁月奔命,其弊不堪。秦之首尾,今为阙矣。即所余者,独三辅之间尔。顷遭荒谨,人被荐饥。自河已西,莫非赤地;循陇已北,罕逢青草,莫不父兄转徙,妻子流离,委家丧业,膏原润莽,此朝廷之所备知也。……流人未返,田野尚芜,白骨纵横,阡陌无主,至于蓄积,尤可哀伤。……遂欲长驱大驾,

---

[1] 王双怀:《武则天与"神都"洛阳》,载《历史地理论稿》,长春:吉林文史出版社,2008年,第225页。

汉唐长安的粮食供应与关中天地人关系的消长

按节秦京,千乘万骑,何方取给?"[1]

陈子昂说,秦都咸阳,汉都长安,关中沃野,山河险固,但仍然从周边调取物资供应关中:北方匈奴和大宛等西域的牛马乃畜产品,南方巴蜀等地的粮食、织锦及土特产品,关东的粮食,经过渭河、黄河、漕转运输到关中。所有周边地区的物资都源源不断地运输到关中。当今,巴蜀遇吐蕃灾患,燕、代迫近匈奴侵扰,当地人民或疲于运输粮食,或奔赴长城边塞保卫疆土,疲惫不堪。关中的南、北两个地区的物资优势已经不存,只剩三辅地区。而三辅仍遇灾荒。河西、陇右,赤地千里,人民流离失所。当今流民未返,田野荒芜,土地不耕,毫无蓄积,如果回到长安,长安根本无法供应百官粮食。他反对从东都运送唐高宗灵柩回长安,其理由是三辅遭遇旱灾,长安无法供应朝廷百官的基本生活需求。开元二十一年(733年),裴耀卿上奏:"国家帝业,本在京师……但为秦中地狭,收粟不多。倘遇水旱,便即匮乏。"[2] 关中地狭、粮食

---

[1] 《新唐书》卷一九六中《陈子昂传》,中华书局1975年点校本。
[2] 《通典》卷十《食货典·选举六》,中华书局1988年点校本。

不足，成为朝廷最大的忧虑。

德宗贞元十七年（801年），杜佑《通典》指出，秦以关中而灭六国、唐以天下财赋供京师，而国势不强的原因，在于关中水田和农业劳动力不足：

> 秦川是天下之上腴，关中为海内之雄地。按周制，步百为亩，亩百给一夫。商鞅佐秦，以一夫力余，地利不尽，于是改制二百四十步为亩，百亩给一夫矣。又以秦地旷而人寡，晋地狭而人稠，诱三晋人发秦地利，优其田宅，复及子孙。而使秦人应敌于外，非农与战，不得入官。大率百人则五十人为农，五十人习战。兵强国富，职此之由。其后仕宦之途猥多，道释之教渐起，浮华浸盛，末业日滋。今大率百人，方十人为农，十人习战，其余皆务他业。以古准今，损益可知。又秦开郑渠，溉田四万顷。汉开白渠，复溉田四千五百余顷。关中沃衍，实在于斯。盛唐永徽中，两渠所溉唯万许顷。洎大历初，又减至六千二百余顷。比于汉代，减三万八九千顷。每亩所减石余，即仅较四五百万石矣。地利损耗既如此，人力分

汉唐长安的粮食供应与关中天地人关系的消长

散又如彼,欲求富强,其可得乎!……诚能复两渠之饶,究浮食之弊,恤农夫,诱其归,趣抚战士,励其勋伐,酌晁错之策,择险要之地,缮完城垒,用我所长,渐开屯田,更蓄财力,将冀收复河陇,岂唯自守而已哉![1]

杜佑从农业劳动人数和水利角度,来评论秦汉关中的富裕和唐中期关中的衰败。秦汉,关中农业劳动力占全部人口的二分之一,农田灌面积近五万顷;而唐朝,关中农业人口才十分之一。秦汉,郑白渠灌溉农田四万余亩。而唐朝,郑白渠灌溉面积,不足万顷。如能恢复关中农业发展,就仍可建都关中。但杜佑也意识到关中经济地位的下降。

稍后,韩愈《原道》说:"古之为民者四,今之为民者六。古之教者处其一,今之教者处其三。农之家一,而食粟之家六。工之家一,而用器家六。贾之家一,而资焉之家六:奈之何民不穷且盗也!"古代农、工、贾都是生产者,只有士人才是消费者;唐代从事生产

---

[1] 《通典》卷一七四《州郡典四》,中华书局1988年点校本。

的仍是农、工、贾，消费者则包括士、僧、道，即"农之家一而食粟之家六"。生产者少而消耗者众是财富贫乏、人民流离失所的根本原因。韩愈的说法，反映了人们对粮食生产与消费比例失衡问题的普遍忧虑。

开元（713～741年）、天宝（742～755年）时，当时天下赋税收入，尚能满足长安所需的580万石粮食。天宝中，度支岁计粟二千五百余万石，其中一千万石入两京库、京仓，充尚食、京官粮料，五百万留当为外官禄米，一千万石供诸道节度使军粮及贮当州仓。[1] 德宗时，"每岁天下共敛……税米麦共千六百余万石，其二百余万石供京师，千四百万石给充外费"。[2] 二百余万石供京师，比开元天宝时减少一千万石。

需求依旧，而赋税收入减少。六宫尚不能及时供应。京官禄米俸料，不能全给。自至德后不给京官禄米。[3] "自大历以来，关中匮竭，时物腾贵，内官不给。乃减外官职田三分之一，以给京官俸。每岁通计，文武正员、员外官及内侍省、闲厩、五坊、南北衙、宿

---

[1] 《通典》卷六《食货典六·赋税下·大唐》，中华书局1988年点校本。
[2] 《通典》卷六《食货典六·赋税下》，中华书局1988年点校本。
[3] 《通典》卷三五《职官典十七·禄秩》，中华书局1988年点校本。

卫并教坊内人家粮等,凡给米七十万石。"[1]京官禄米大大减少了。德宗兴元元年(784年)十二月诏:"京百官及畿内官料俸,准元数支给。自幸奉天后,运路阻绝,百官俸料,或至阙绝,至是全给。"[2]昭宗乾宁初,有官员建议"取中外九品以上官两月俸,助军兴"[3]以减少有限的京官月俸,来支持前线军队。这项建议,遭到朱朴的反对而作罢。

长安太仓所需的580万石粮食中,关中能生产多少粮食?关中能交纳多少粮食?史书关于郑国渠的灌溉效益的记载,是有问题。[4]唐大历初,郑白渠灌溉6200余顷,以亩产4石计,则仅收248万余石;旱田3000余顷,以亩产1~2石计,收30万~60余万石。水旱田合计约收获300余万石。唐前期,课户课口,交纳租米,德宗建中(780~784年)以后,按丁产户等交纳两税。关中农户能交入京仓的税粮,最多

---

[1]《通典》卷三五《职官典十七·禄秩》,中华书局1988年点校本。

[2] 王溥:《唐会要》卷九一《内外官俸料钱上》,上海:上海古籍出版社,2006年。

[3]《新唐书》卷一八三《朱朴传》,中华书局1975年点校本。

[4] 武汉水利电力学院:《中国水利史稿》上册,北京:水利水电出版社,1985年,第125页。

二百万石。开元二十二年（734年）后裴耀卿为转运使，三年运700万石。二十五年（737年），年成丰收，朝廷在关中收购数百万石余粮，下诏停止当年关东漕粮运输。[1] 天宝中每年漕运二百五十万石，而德宗时"令江淮岁运米二百万石"。[2] 要之，关中每年大约能提供二百万石，需要漕运关东二三百万或四百万石，才能满足汉唐京师长安的粮食需要。而这个数量，正是汉武帝以后、唐德宗贞元以后一般年份的漕运额。因此，从严格意义上说，郑白渠并没有"衣食京师亿万之口"。

四、自然变化的因素

以上分析了汉唐京师长安粮食供应并不完全依赖关中，而东南漕运亦占半数以上的各种社会因素。这个问题，与自然因素有无关系？朱士光先生根据陕西省气象局与气象台的统计，认为自公元前2世纪至20世纪前半叶，关中水旱有增多趋势，并且与气候变化

---

[1] 吕祖谦：《历代制度详说》卷三《赋税·制度》，续金华丛书本。
[2] 《旧唐书》卷十三《德宗本纪》，中华书局1975年点校本。

相关。[1]春秋、战国、秦与西汉前期（公元前770～前122年），关中气候温暖、湿润，年平均气温高于现代1℃～2℃，平均降水量多于现在。西汉后期至北朝（前公元121～581年），关中气候寒冷干旱。隋和唐前中期（581～805年）7、8世纪，关中气候温暖湿润，年平均温度高于现代1℃左右，年降水量高于现代。唐代后期即德宗贞元年间至北宋（即贞元年间之后的9—11世纪），气候凉干。[2]

可以看出，长安的粮食供应与关中气候变化方面，存在着一定的正相关性，即西汉前期和唐前中期，关中比较温暖湿润。这些时期，长安的粮食供应，主要依赖关中。汉武帝（征和4年，公元前89年）以后，及唐德宗贞元（贞元20年，804年）以后，关中气候以冷干为特征。长安的粮食供应，则主要来自东南漕运。这个变化，除了前述的各种社会因素外，温度和降水的变化是造成关中粮食生产能力不足、依赖东南

---

[1] 朱士光:《黄土高原地区环境变迁及综合治理》，郑州：黄河水利出版社，1999年，第36页。

[2] 朱士光:《黄土高原地区环境变迁及综合治理》，郑州：黄河水利出版社，1999年，第157～168页。

漕运的自然条件因素。温度的降低，降水的减少，主要通过影响作物的生长期和土地的生产能力，来影响人类社会。而自然因素和社会因素，各占多少比例，则比较难以确定。

综上，可以得出如下结论：班固引用民歌"衣食京师亿万之口"作为信而有征的史料，来证明郑白渠是京师衣食之源，并不十分确切。汉唐长安粮食供应，关中只能提供二百万石左右，要依赖东南漕运三四百万石。而造成关中生产能力不足的社会因素和自然因素有多种：（1）长安纯消费人口的增加，如皇室及服务人口、京官京吏、京师驻军、参加选官和科举考试人员、商业和佛道等多种人口的增加。（2）关中农业生产力的不足，如为国家纳粮的耕地减少、关中水利田面积减少（如食封之家的增加、京官职分田公廨田赐田多在京城百里内外、佛道寺院的占有土地，以及建设占地的增加等）、关中为国家纳粮的农户减少等。（3）自然因素，则是公元前2世纪至6世纪（汉武帝以后至北周），9—11世纪（唐德宗贞元至北宋前期），关中气候向冷干的转变。所以，民歌中所说郑白渠"衣食京师亿万之口"的说法并不确切。

附 录

1. 西汉长安的甲第

一百多年来,中国住宅史研究,除了各地开发利用保留下来的明清民居这些旅游资源,基本处于空白状态,这既有历史传统、资料的因素,也有古代建筑难以保存的因素,更有学术视野的因素。就汉代住宅史的研究,近年来有学者研究了河西屯戍吏卒的住所。至于汉代长安的甲第,即高级住宅情况,尚不清楚。本文则从历史、地理、文献和建筑等方面探讨西汉长安城甲第,甲第居住者的身份,甲第的营造、扩建、转移、性质和作用等问题,希望学界重视住宅史的研究。

一、甲第形制和分布区域概况

《释名》云:"宅,择也,择吉处而营之。"土地和住宅是生产资料和生活资料。求田问舍,古已有之。秦商鞅变法,用田宅、爵位奖励耕战有功者。汉人有赐田宅、买田宅、广田宅、治田宅、利田宅、税民田宅、夺民田宅等事。宅,也称第,至后秦时(5世纪初)合称宅第。孟康曰:"有甲乙次第,故曰第。"第,有甲乙之次第,甲第,即甲等门第,高级住宅。左思《蜀都赋》说成都"亦有甲第,当衢向术,坛宇显敞,高门纳驷,庭扣钟磬,堂抚琴瑟"。当衢向术,即甲第面向交通大道,不在背街里巷。徐坚《初学记》引《魏王故事》云:"出不由里门,面大道者,名曰第。……其舍在里中,皆不称第。"甲第的基本特征,当街辟门,面向大道,屋宇宽敞,门第高大,容马车通过。甲第,或称甲舍。甲第为高级住宅,有单独区域,不在闾里中。汉长安甲第主要分布在未央宫东阙、北阙,宣平贵里,长安城北五陵的陵邑,和城东杜陵、霸陵的陵邑。

二、甲第居住者的身份

谁能居甲第？汉代，丞相、将军、列侯、公主等能居住甲第，各王国国王在长安有邸第。高祖十二年（公元前195年）三月诏书说："王、列侯皆令自置吏，得赋敛，女子为公主。列侯者食邑，皆佩之印，赐大第室。吏二千石，徙之长安，受小第室。"

（一）各国王，在长安有邸第。各国王平时居于封国国都的王宫内，朝请或国有大事，才来居长安邸第。齐王肥平时居齐国王宫，惠帝二年（公元前193年）齐悼惠王来朝，吕后欲害之，悼惠王惧不得出城，齐内史出计，"至【齐】邸，上奏献【城阳】十城"。"吕后大喜，置酒齐邸，乐饮，罢，归齐王。"吕后七年（公元前181年）春正月丁丑，召赵王友至长安，置邸不见，后幽闭而死。赵王在长安，住赵邸。吕后时，燕王卢绾遗孺和子从匈奴降汉，舍燕邸。这说明长安有燕邸。吕后六年（公元前182年），齐人田生入长安，居数月，盛帷帐供具，譬如列侯，请吕后所幸大谒者张子卿，曰："臣观诸侯王邸弟百余，皆高祖一切功臣。"

弟，即第，"汉侯王及诸郡朝宿之馆，在京师者，谓之邸"。长安朝宿之馆，谓之王邸或郡邸。王、侯朝请时，郡国上计时，都住在各郡国在京师的邸第。长安邸第，规格高大，建制壮丽，田生以此劝张子卿讽大臣语太后立吕产为吕王。吕后元年（公元前187年）初置鲁国，四月王张偃。鲁王张偃年少，不之国，居长安鲁邸。后来，汉武帝时招申公，舍鲁邸。吕后立太、武、朝为济川王、淮阳王、常山王，各王因年少未之国，居长安。当大臣诛诸吕后，滕公车载少帝，就舍少府。当夜"有司分部诛济川、淮阳、常山王及少帝于邸"。则三王在长安分别有济川邸、淮阳邸和常山邸。代王初到长安，入代邸，即位，即日夕入未央宫。景帝中六年四月梁孝王死。五月，城阳王、济阴王死。六月，成阳公主死。三个月间，汉景帝"四衣白，临邸第"。梁孝王、城阳王、济阴王在各国都有王宫，在长安有邸，景帝到各王长安邸哀悼。汉末，傅太后及太子母丁姬居长安的定陶国邸。田生说长安"诸侯王邸第百余，皆高帝一切功臣"，包括列侯在京师之第和各郡国在京师之邸。以上齐邸、赵邸、燕邸、济川邸、淮阳邸、常山邸、代邸、梁邸、城阳邸、济阴邸、定陶国邸、鲁邸等，都是诸王在京师之邸。"汉法，诸侯各起邸第于京师。"各国王，平时居国都王宫，各王来朝及各郡国上计时居邸。同时，在陵邑，也有丞相、御史、将军、列侯、公主、中二千石的第宅。《汉书·成帝纪》鸿嘉二年（公元前19年）夏载，成帝"赐丞相、御史、将军、列侯、公主、中二千石冢地、第宅"。

（二）丞相生活居住处所为甲第。相国或丞相办公官署，称相国府或丞相府；丞相及家人生活的宅第，称丞相舍，或相舍，即甲第。秦朝，丞相府是公署，丞相另有住宅。汉承秦制。"汉长安丞相府，位于未央宫东阙之外"。汉二年（公元前205年）韩信、萧何、曹参并为相国、丞相，他们在长安的府内均有殿。殿，即大堂。这是相国（丞相）府，即公署。至于住宅，汉十一年（公元前196年），汉高祖"令卒五百人一卫尉为相国卫"，汉高祖疑忌萧何，才派士卒守卫萧相国住宅。萧何住宅必定是高门大屋。平帝元始元年封王莽功如萧相国，号安汉公，朝廷"以故萧相国甲第，为安汉公第"，这说明萧相国有甲第，200年后成为新都侯安汉公王莽的甲第。丞相宅第又称相舍，曹参"相舍后园近吏舍"，此处相舍，指曹参宅第。汉景帝时，

西汉贵族的甲第与食邑

丞相申屠嘉对袁盎傲慢无礼,袁盎"乃之丞相舍,上谒求见丞相,丞相良久而见之",说:"使君所言公事,之曹与长史掾议,吾且奏之;即私邪,吾不受私语。"丞相舍,指丞相住宅。通过袁盎一事,可见他进到申屠嘉丞相的住宅,但丞相要他到丞相官署去。可见丞相府与丞相舍是两处建筑,前者指官署,后者指生活居住处。汉宣帝时,京兆尹赵广汉为摆脱罪责,胁迫丞相魏相,"发吏卒至丞相舍,捕奴婢笞击问之"。御史大夫建平侯杜延年、丞相扶阳侯韦贤、营平侯赵充国、西平侯于定国、乐陵侯史高、高乐侯史丹、安昌侯张禹等,都在年老体衰时,罢官归第或就第,韦贤还受"加赐第一区",即韦贤在长安有两处府第。高阳侯薛宣一度罢官归第。阳安侯丁明、高武侯傅喜,皆罢官归第。说明这些以列侯任丞相者,在长安都有第。《汉宫旧仪》云:丞相薨后,"移居第中,车驾往吊,赐棺、敛具、赠钱、葬地。葬日,公卿已下会葬焉"。这当是朝廷赐丞相府第日常化后的丧制。

(三)将军,长安有甲第。绛侯周勃为太尉,为丞相,当有列侯甲第,文帝两次诏令其就国,子周胜之嗣侯,尚公主,坐杀人,国绝。一年,文帝择其次子周亚夫为侯,为太尉,为丞相,当继续居甲第。景帝时大将军窦婴居处有廊庑,廊庑为堂下四周的廊屋,厢耳、廊庑、院门、围墙等周绕联络而成一院,为大第室。汉武帝赐栾大四将军四印,赐列侯甲第,汉武帝亲至其家,自窦长公主、大臣、将军、卿相以下,皆致酒其家。汉武帝为冠军侯霍去病营造甲第。卫将军家,一次出来见少府赵禹的舍人,就有百余人,说明卫青府第规模不小。昭帝元凤六年(公元前75年),右将军光禄勋张安世受封富平侯,长安富平侯府第很有名,曾孙张临尚敬武公主,张临子张放受成帝宠幸,汉成帝与张放微行,俱称富平侯家人,张放娶皇后弟平恩侯许嘉女,号称天子娶妇,皇后嫁女,成帝"赐甲第,充以乘舆服饰,大官、私官并供其第,两宫使者冠盖不绝,赏赐以千万数"。即成帝另赐张放甲第。宣帝地节二年(公元前68年)大将军霍光薨,诏复其后世,畴其爵邑,功如萧相国。霍光"赏赐前后黄金七千斤,钱六千万,杂缯三万匹,奴婢百七十人,马二千匹,甲第一区",大概上官太后主事时,朝廷就赐霍丞相甲第。至地节二年霍光去世时,宣帝又有恩赐。

(四)列侯,不之国者,长安有甲第。高祖十二年诏表明，汉初列侯多赐大第，汉初侯国皆地处关东，列侯当居各侯国，实际并不如此，"为吏及诏所止者"，即为公卿大夫，或以恩爱见留者，都居长安甲第，如留侯张良、平阳侯曹参、辟阳侯审食其、绛侯周勃、曲逆侯陈平、曲周侯郦商、安国侯王陵、北平侯张苍、汝阴侯夏侯婴、鲁母侯刘疵、舞阳侯樊哙、信武侯靳歙、宣平侯张敖等，都在长安有甲第。辟阳侯国近淄川，而辟阳侯长期居长安。安国侯王陵，惠帝六年（189年）为相，其后被吕后阳升太傅阴夺相权，杜门竟不朝请；列侯为诸侯王傅、相、中尉，长安仍有甲第。北平侯张苍"以列侯为主计四岁"，"以列侯居相府，领主郡国上计者"，为淮南王刘长相十四年。为御史大夫四年、为丞相十四年，病免家居后，都居长安。平阳侯曹参为齐相九年，长安当有平阳侯府第。齐王肥来朝，"令：诸侯王朝，得从其国二千石。傅、相、中尉，皆国二千石，故尽从之"。则齐王肥朝见高祖、吕后时，齐国随员都住齐邸内，如朱买臣住会稽郡邸一样，曹参则回其长安府第。汉初至汉武帝初，列侯多居长安甲第，而且列侯府第规模宏大。武安侯田蚡府第，宾客、方士出入，魏其侯窦婴失势，门可罗雀。那些失侯者，多居长安。李广曾与故颍阴侯灌婴之孙屏居蓝田南山中射猎。自宣帝始,新封列侯在长安有府第。宣帝本始元年(公元前73年)春封赵充国等五人为列侯,丙吉和许广汉等八人为关内侯;地节三年(公元前67年)夏四月封许广汉为平恩侯,新第落成;元康三年(公元前63年)封张彭祖为阳都侯,丙吉、许延寿等六人为列侯。"封侯益土",增加户邑,"受官禄、田宅、财物,各以恩深浅报之"。阳都侯张彭祖等列侯,都当受甲第。河平二年(公元前27年),汉成帝悉封诸舅为侯,王谭为平阿侯、王商成都侯、王立红阳侯、王根曲阳侯、王逢时高平侯。五人同日封,故世谓之五侯。五侯"大治第室,起土山、渐台、洞门、高廊、阁道,连属弥望。百姓歌之曰:'五侯初起,曲阳最怒。坏决高都,连竟外杜。土山、渐台、西白虎'"。"成都、平阿侯家",明言成都侯王根、平阿侯王谭府第。汉成帝还光临曲阳侯王根、成都侯王商府第。

(五)汉皇室公主在长安有甲第。长安公主府第甚多,平阳公主、馆陶公主、隆虑公主、阳阿公主等公主府第很有名。

以上历述长安有丞相、将军、列侯、公主甲第。

朝廷还赐外国归降者府第。元康四年（公元前62年）车师王乌贵将诣阙，朝廷"赐第与其妻子居"。

三、甲第的营造和赐予

甲第是国家资产，由国家营造，由皇帝赐予丞相、将军、列侯、公主等。当列侯失侯或嗣侯有罪时，国家收回甲第，另赐他人。皇帝赐予甲第，实际是国家分配给将相、列侯、公主的高级住宅。因此这种住宅，具有政治属性。这与《二年律》一致。

（一）国家赐予。高祖十二年（公元前195年）三月诏书说："王、列侯皆令自置吏，得赋敛。女子为公主、列侯者食邑，皆佩之印，赐大第室。吏二千石，徙之长安，受小第室。"说明国家赐予公主、列侯大第室。汉六年高祖大封功臣，都赐予府第。惠帝、吕后赐夏侯婴北阙甲第。汉武帝赐予其同母姊修成君甲第。元鼎四年（公元前113年）汉武帝以二千户封地士将军栾大为乐通侯，"赐列侯甲第，童千人，乘舆斥车马帷帐器物，以充其家"。昭帝始元二年（公元前85年）正月壬寅封霍光为博陆侯，"赐甲第一区"。宣帝元康四年（公元前62年），赐车师王第，与妻子居。元帝赐孔霸第，成帝赐张放甲第。汉平帝时，皇太后赐王莽"故萧相国甲第、楚王邸为安汉公第"，当为甲第中的甲第。平帝末，博山侯孔光、安阳侯王舜、广阳侯甄丰等，皆授四辅之职，"畴其爵邑，各赐第一区"。

国家赐甲第，有四种情况：第一种，列侯无嗣，或改封后，或失侯后，朝廷收回甲第，另赐他人，重新分配。第二种，闲置不用的政府衙署，分配给公侯。第三种，国家赐予现成的第室。第四种，国家新建宅第。

（二）国家营造甲第。国家出资，为列侯建造甲第，当始于汉六年（公元前201年）十二月分封后不久。大批功臣入关，旧宅第不够用，国家才大规模地营建宅第。这些宅第，是逐步修造完成。

（三）甲第规格和规模。列侯甲第，根据应劭说法，"县官公作，当仰给司农"，则国家出资修造宅第给列侯，确定无疑。技术设计等则由将作少府负责。汉哀帝宠幸董贤，"迁董贤父为少府，弟为执金吾，妻父为将作大匠，诏将作大匠为董贤起大第北阙下"。少府、将作大匠为董贤起甲第，就是负责设计施工，就是国家工程。孔光指斥董贤父子兄弟"多受赏赐，治第宅，远冢圹，放效无极，不异王制，费以万万计"。这说明汉哀帝时国家为高安侯董贤营造府第。当然，哀帝为董贤造大第属特殊恩宠。但国家为列侯修造宅第，确定无疑。

贵族甲第，既然由国家营造，就当有其工程规格等。哀帝为董贤造甲第，可以看出列侯甲第有规格、有限度，董贤甲第，"重殿、洞门，木土之功穷极技巧，柱槛衣以绨锦。"重殿，即前后殿。洞门，即门门相连。董贤宅第已经超越限度。汉哀帝先为董贤造大第，后来才封董贤为高安侯。

（四）陵县宅第，赐予丞相、将军、列侯、公主。汉朝不仅在长安城里大规模赐予列侯、将军等宅第，而且还在长安周边陵县兴造过程中，赐予丞相、将军、列侯、公主宅第。安丘侯张说庶子张叔，为御史大夫，家阳陵，其宅第，当为兴造阳陵时所赐。宣帝元康元年（公元前65年）春，以杜东原上为初陵，更名杜县为杜陵。徙丞相、将军、列侯、吏二千石，赀百万者于杜陵。按照惯例，丞相、列侯、将军等迁徙陵县，由国家赐予宅第。《高后惠文景武功臣表》中，功臣列侯第六、七代子孙，有居各陵县的。

汉宣帝为昭帝所兴造平陵,为自己所兴造杜陵,都显示陵墓和陵邑是国家工程,用国家经费,而赐予丞相、将军、列侯的宅第,也是国家建筑。

(五)丞相、将军、列侯、公主可改建扩建修缮甲第。国家兴造甲第落成后,列侯才能搬进去,大臣们前往祝贺乔迁之喜。汉宣帝地节三年(公元前67年)夏四月封岳父许广汉为平恩侯,新第落成,"平恩侯许伯入第,丞相、御史、将军、中二千石皆贺"。师古曰:"入第者,治第新成,始入居之。"平恩侯第,当为国家出资营造。

朝廷赐列侯府第后,列侯等会自行修葺、扩建。景帝后元三年(公元前141年)三月封田蚡为武安侯,"治宅甲诸第",甲于诸第,当比其他甲第还要好。朝廷赐霍光"第一区",霍光遗孀显"广治第室",霍禹、霍山"并缮治第宅"。外戚王氏五侯群弟,争为奢侈,"大治第室"皆属此例。成帝时王氏五侯,都极尽扩大府第规制。

四、甲第的性质和作用

西汉长安的甲第是国家财产。大多数甲第由财政部门司农司出资，少数甲第由水衡和少府钱出资。但都是由少府和将作大匠等负责设计、施工，并由皇帝赐予（实际就是分配），所以，甲第的所有权属于国家，属国家财产。丞相、将军、列侯、公主们在长安和陵县的甲第，都属国家财产，他们只有使用权，其嗣侯，可继续使用。当列侯或嗣侯无后、失侯、犯罪时，国家收回甲第，另赐他人。

汉高祖所封列侯有一百多位，吕后时长安功臣列侯邸第百余所，赐列侯府第数量相当多。始封侯去世，代侯、嗣侯继承府第。《二年律令·置后律》："疾死置后者，彻侯后子为彻侯……关内侯后子为关内侯"，"死事者，令子男袭其爵"。鲁侯奚涓死事，无子，其母刘疵代侯。母侯刘疵后被改封重平侯，其甲第当被收回，作为鲁王张偃之府第。淮阴侯韩信在长安的甲第，有家臣、舍人、中庭，被诛杀后，国家自然收回甲第。萧何后代，分别在文帝、景帝和武帝时，三次因罪失侯,景帝、武帝、宣帝时,为报答大功臣萧相国,分别续封其孙、曾孙、玄孙。失侯,必然失去甲第。萧何甲第,何时被收归国有,尚不清楚,只知萧何甲第于平帝元始元年(公元1年)又被赐予王莽。汉初高祖所封功臣143人,韩信、彭越、英布等被诛灭、奚涓母刘疵等无后。武帝元鼎五年(公元前112年)"列侯以百数,皆莫求从军(伐南粤),至饮酎,少府省金,而列侯坐酎金失侯者百余人"。所剩无几。汉武帝后元元年(公元前88年)列侯"靡有孑遗"。汉宣帝元康年间(公元前65～前62年),"开庙臧,览旧籍,诏令有司求其子孙,咸出庸保之中,并受复除,或加以金帛,用章中兴之德"。复功臣绛侯等百三十六人家子孙,令奉祭祀。所谓复家,即蠲除赋税。其中居长安者40人,约40人迁居周边陵县,迁长陵者10人,阳陵者10人,茂陵者11人,霸陵5人,他们身为庸保,其祖先甲第,早已被收归国有,另赐他人。汉宣帝前后封侯36人。地节四年(公元前66年)夏举国大庆立皇太子,赐"列侯在国者八十七人黄金各二十斤"。这87"列侯在国者",有前代所封列侯。说明自汉初至宣帝时,列侯有居长安者,也有居封国者;居长安者,

西汉贵族的甲第与食邑

有甲第;列侯失侯,同时失去长安甲第。宣帝时当朝新贵平恩侯许广汉新第落成,丞相、御史、将军、中二千石皆贺,许家设酒宴,庆贺新第。只有盖宽饶不去。许广汉请之,盖宽饶才姗姗来迟,视屋而叹美,称"富贵无常,忽则易人,比如传舍,所阅多矣。唯谨慎为得久,君侯可不戒哉"!传舍易人,就是甲第收回又赐予他人。盖宽饶的话,揭示了甲第的国有性质。

《汉书》记载王侯、将相、公主家资时,只说户邑多少,钱财多少,不说府第多大。张汤死时"家产直不过五百金",其子富平侯张安世"尊为公侯,食邑万户,然身衣弋绨,夫人自纺绩,家童七百人,皆有手技作事,内治产业,累积纤微,是以能殖其货,富于大将军光"。"都内别藏张氏无名钱以百万数"。杜周"为廷史,有一马,及久任事,列三公,而两子夹河为郡守,家资累巨万矣"。建平侯杜延年"资数千万"。武帝姑窦太主,虽拥有府第及长门园,可主人翁董偃不能支配甲第和园林,只允许董偃每日散财金满百斤,钱满百万,帛满千匹,以及奢侈享受,斗鸡走狗。景帝女隆虑公主临终,以金千斤、钱千万为子预赎死罪,并不说其府第如何。窦太主(即馆陶公主)两子在母公主死后，"兄弟争财"，并不说其府第如何。张安世、杜延年、窦太主，都有甲第，但史家都不提其府第如何。司马迁记萧相国，于个人财产方面，只说萧何强贱买民田宅、买田宅必居穷僻处，为家不治垣屋，不提萧相国甲第，因为甲第属国家财产，萧相国只有使用权。另外，在汉代物价中，有买卖田宅记录，没有买卖甲第记录。因为甲第是国家给予丞相、将军、列侯、公主的待遇，不是私有财产。

汉人的社会地位，是由政治地位决定的。政治地位决定他们使用车马的规格、服饰的材料和颜色，以及室庐的规制和大小。汉初，天子不能具钧驷，将相或乘牛车，商贾不得衣丝乘车。即使同一层级内部，车服室庐也有不同规定。《平准书》说：到汉武帝时，宗室诸侯公卿大夫在室庐车服上僭越等级，无限度，包括但不限定于武安侯等修饰扩大甲第，在贵族等级内部，历次赏赐，都是依据政治等级不同而赏赐物品不同。皇帝之下，分为三个层级：第一层，诸侯王、丞相、将军、列侯、王太后、公主、王主、二千石吏。第二层，宗室、诸官吏千石以下至二百石，及宗室子有属籍者；第三层，吏民。第一层中，王居各国王宫，

西汉贵族的甲第与食邑

长安有王国邸。王太后位次在公主前,但王太后、王主、二千石,多数时间都不居长安。只有丞相、将军、列侯、公主居长安甲第。这与高帝汉十二年诏及成帝鸿嘉二年的赐第范围基本一致,亦与武帝赐栾大"列侯甲第"语相符。

西汉长安的甲第,不仅是高级住宅,而且是身份、地位的象征,与财富无关。只有丞相、将军、列侯、公主等上层才能居甲第。甲第是政治附属物,不具备商品性质,汉代文献中,没有甲第交易的记录,因为甲第不是依据财产而拥有,而是政权分配的物品,可以赐予,也可以收回。皇帝赐予甲第,笼络丞相、将军、列侯和公主。因此,赐予甲第,是汉代政治的重要内容,与赐予诸侯王国土和国邑一样重要。既然国家能够赐予丞相、将军、列侯甲第,国家就有权收回甲第。

《新华文摘》2018 年第 23 期重点摘要

附 录

2. 汉唐长安的粮食供应与关中天地人关系的消长

秦汉时兴修的郑白渠,是关中泾水流域著名的水利灌溉工程。自战国至明代,关中盆地一直享有"天府"及"天府之国"的美誉。刘敬说关中是"美膏腴之地"。司马迁认为关中财富居天下十之六。《汉书·沟洫志》有郑白渠"衣食京师亿万之口"的歌谣,班固《两都赋》又有"郑白之沃,衣食之源"的说法。张衡《西京赋》盛赞关中"地沃野丰,百物殷阜"。郑白渠"衣食京师亿万之口"的说法,在历史上流传了二千多年。多种史书、地理书、农书、类书、诗歌总集、经书,都征引这句话。元明清时五六十位江南籍官员,提出发展华北西北水利以就近解决京师粮食供应的主张,其历史根据就是汉唐京师长安的粮食供应,依赖关中,无须海运漕运东南粮食。古往今来,人们深信"泾水一石其泥数斗"和"衣食京师亿万之口"。郑白渠果真"衣食京师亿万之口"吗?如果不是,汉唐大一统皇朝首都长安的粮食来自何方？关中为什么不能提供足够的粮食？这里的天地人关系发生了什么变化？这个问题给我们什么启示？这些都是值得思考的问题。

  在中国历史上，汉唐京师长安的粮食供应，是一个非常重要的问题，当时君臣曾致力于解决这个问题。在今天，仍然是一个比较重要的学术问题。20世纪以来，学者们从漕运仓储、官禄民食、生计生产、供需商贸等相关角度探讨了这个问题。30年来，更有学者专门研究汉唐长安的粮食供应问题，对于长安粮食的来源，学者们提出了三种意见：一种意见认为，长安粮食依赖东南漕运；另一种意见认为长安粮食依赖关中；再一种意见认为长安粮食供应，因人口、时间等因素而异。粮食问题，不仅是一个经济问题，而且是一个政治问题，还是一个与自然环境变化有关的问题。因此，围绕汉唐京师长安的粮食问题，还要做大量深入细致的研究工作。本文将从关中天地人关系消长角度，来探讨汉唐京师长安的粮食供应问题。

一、汉唐京师长安的粮食供应

汉唐时京师长安的粮食供应,并不完全依赖关中,而是部分地依赖东南漕运。东南指函谷关以东的山西、河南和江淮地区。汉初,"漕转山东粟,以给中都官,岁不过数十万石"。汉武帝初期,"漕从山东西,岁百余万石"。主要是漕运经砥柱之限,以及渭水水道曲折,加上封冻和水量不足,一年中只可通航6个月。元光六年(公元前129年)开始修漕直渠,漕运里程减少600里,漕运较为便利。此后,"岁漕关东谷四百万斛以给京师"成为汉家制度。再后来,"山东漕益岁六百万石,一岁之中,太仓、甘泉仓满,边余谷"。山东粟、关东谷,指河南、山西之粮食。漕粮使"京师……太仓之粟陈陈相因,充溢露积于外,至腐败不可食"。司马迁关于京师富庶的描述,给人留下了多么美好的印象。但是有谁知道,汉朝京师的富庶,关东作出了巨大的贡献。

唐初,漕运规模不大。贞观、永徽之际,长安主要依赖关中,每年从山东(崤山以东)转运至关中者

西汉贵族的甲第与食邑

不过一二十万石。开元初,每年约运 100 万石。开元二十二年至二十五年(734～737 年),3 年共运 700 万石。天宝中,每年约运 250 万石,京师依赖江淮漕运。只要藩镇隔绝,"南北漕引皆绝,京师大恐"。德宗贞元元年(785 年),"太仓供天子六宫膳不及十日,禁中不能酿酒"。于是增江淮之运,从浙江东西道、江西、湖广、鄂岳、福建、岭南,共运米 300 万石。贞元二年(786 年)四月,关中仓廪皆竭,禁军激愤,险些酿成兵变,当韩滉运米 300 万石至陕时,德宗得知后"遽至东宫,谓太子曰:'米已至陕,吾父子得生矣。'"漕运粮解决了皇室和禁军卫士的粮食供应,缓解了可能发生的禁军兵变。可见东南漕运,对汉隋唐京师长安的重要。

当时许多人都认识到东南漕粮对长安的重要。萧颖士说:"兵食所资在东南。"白居易说,都畿者,利称近蜀之饶,未能足其用;田有上腴之利,不得充其费。"国家岁漕东南之粟以给焉,时发中都之廪以赈焉。所以赡关中之人,均天下之食,而古今不易之制也。"德宗时,刘晏说,江淮、潇湘、洞庭、衡阳、桂阳漕船,"西指长安。三秦之人,待此而饱;六军之众,待此而强"。不仅使"天子无侧席之忧,都人见泛舟之役;四方旅拒者,可以破胆;三河流离者,于兹请命。"而且"舟车既通,百货杂集,航海梯山,可追贞观、永徽之盛"。宪宗敕书:"军国费用,取资江淮。"权德舆说:"赋取所资,漕挽所出,军国大计,仰于江淮。"宣宗制书:《禹贡》九州,淮海为大,幅员八郡,井赋甚殷……通彼漕运,京师赖之。"这说明唐代君臣都认识到,江淮漕运对京师粮价稳定,以及政治经济的重要作用。晚唐皮日休《汴河怀古》云:"尽道隋亡为此河,至今千里赖通波。若无水殿龙舟事,共禹论功不较多。""隋之疏淇汴,凿太行,在隋之民不胜其害也,在唐之民不胜其利也。今自九河外,复有淇汴,北通涿鹿之渔商,南运江都之转输,其为利也博哉!……天假暴隋,成我大利……在隋则害,在唐则利。"隋开运河为隋民之害、唐朝之利,宋张洎、明丘浚的评论,大概不出其范围。

二、长安纯消费性人口的增长

为什么汉唐需要漕运东南粮食接济长安?这完全

取决于关中天地人关系的消长。传统观点认为，户口多则国家强盛。但是，纯消费性人口的增长，即长安皇室、京官、禁军、士人等多种消费人口的增长，需要消耗大量粮食。他们是东南漕粮的直接受益者、消耗者。京师纯消费性人口的增加，而关中生产投入的不足、国有土地数量减少（水利灌溉面积减少）和劳动力数量不足，是造成汉唐京师长安粮食供应依赖东南漕运的重要因素。古人常说，地小人众、人胜于地、生之者少食之众，并非老生常谈，而是反映了人们对粮食问题的忧患意识。

1. 京师皇室及服务人口众多。汉武帝时，司马迁就感受到了长安人口对土地的压力。《史记》卷一二九《货殖列传》称长安"四方辐凑，并至而会，地小人众"，是当时三个地小人众的地区之一。《汉书·地理志》记汉平帝元始二年京兆人口就达到68万多，人口密度为95人/平方公里。长安县的人口已达到8万余户，24万口。西晋时关中人口百余万。唐长安人口约70万，其中，唐皇室宗室人口至少在3万人，开元、天宝中，宦官约5000~10000人，宫女约5万人，官奴婢有3万人，工匠乐户3万~4万人。总之，皇室及其服务人口大约15万。

2. 京师官员人数增加。官员中，有京官（内官）和外官之分；胥吏中，有京师胥吏和外地胥吏之别。京官（内官），指京师帝王之官。内职掌，指为帝王及其家属服务的人员。职掌，指胥吏。京官和京吏之俸禄和粮料，由太仓支给。西汉哀帝（公元前6~前2）全国官吏130285员，唐开元二十五年（737年）全国官吏368668员，700年间，唐比汉增加了近3倍。西汉京师官吏数，史书不载。东汉（25~220年）京官1055员、京吏14225员；唐贞观六年（632年）京官640多员；而在开元二十五年京官2620员、京吏35107员。500年间，唐比汉增加了2.46倍。100年间，开元比贞观增加了4倍。官员人数的增加，意味着禄米、职分田等的增加。唐京官有禄米、俸料、职分田、公廨田。京官，禄米自52石至700石不等，外官禄米减京官一等。京官禄米，以太仓之粟充之。京官禄米一年约50余万石。京官俸料，包括月俸钱、食料、杂用、课钱四部分，分别指官员购买粮食以外的生活必需品补助、工作餐和个人生活补助、自备工作所需物品补助、护卫和庶仆代役使钱之补助。上述四项，后合并为一种俸料供给。京官及外官，都有职分田和公廨田。京官及文武职事各职分田，自2顷至12顷不等，并在离开京城百里内供给。京兆、河南府及京县官人职分田，京城百里外给。京官公廨田，自2顷至26顷不等。"自大历（766年）以来，关中匮竭，时物腾贵，内官不给。乃减外官职田三分之一，以给京官俸。每岁通计，文武正员、员外官及内侍省、闲厩、五坊、南北衙、宿卫并教坊内人家粮等，凡给米七十万石。"

汉唐京官禄米取给太仓，是漕粮支出的大宗。汉官品级，以俸禄粮石数为名，如二千石、中二千石等。唐德宗建中年间（780~783年），杜佑上奏："当开元天宝之中，四方无虞，百姓全实。大凡编户九百余万，吏员虽众，经用虽繁，人有力余，帑藏丰溢，纵或枉费，不足为忧。今兵革未宁，黎庶凋瘵。数年前，天下籍帐到省百三十余万户。自圣上御极，分命使臣，按地收敛，土户与客户共计得300余万，比天宝才三分之一。就中浮寄乃五分有二。出租赋者减耗若此，食租赋者岂可仍旧？"官员数量的增加，而交纳租赋者减少，是当时主要的政治经济问题，影响到京师长安的粮食供应，引起经国大臣的忧虑。

3. 京师军队人数众多。武德年间（618～626年），禁军约3万人。开元二十六年（738）北门禁军约3万人。自开元至天宝，驻守京师的宿卫兵约10万人，其中北门禁军3万，长从宿卫66000人。加上驻守同州、华州、歧州等军队，约12万人。唐前期府兵自办衣粮，而募兵则由国家供养。如按《汉书·食货志》"食，人月一石半"计，则12万军士，一年至少需要200万石军粮，而不包括马料在内。天宝中，度支岁计，粟则2500余万石。其中，300万折绢布入两京库，300万石回充米斗供尚食及诸司官厨等料并入京仓，400万石江淮回造米转入京，充京官禄米及诸司粮料，500万石留当州官禄及递粮，1000万石诸道节度使军粮及贮当州仓。长安的皇宫尚食、京官禄米及折色占1000万石，各地节度使军粮约1000万石。建中二年（781年），沈既济上疏："臣尝计天下财赋，耗斁之大者，惟二事焉，最多者兵资，次多者官俸，其余杂费，十不当二事之一，所以黎人重困，杼轴犹空。"吕祖谦说："大抵这两事，常相为消长，兵与漕运常相关。所谓宗庙、社稷之类，十分不费一分；所费广者，全在用兵。所谓漕运常视兵多少。""唐太宗以前，府兵之制未坏，未尽仰给大农，所以唐高祖、太宗运粟于关中不过十万。后来明皇府兵之法渐坏，(募)兵渐多，所以漕粟自此多。……府兵之法坏，聚兵既多，所以漕运不得不详矣。"汉唐长安漕运的增加，与禄米、军粮有直接关系。

4. 京师士人太多。读书人口增加，是使京师粮食消费增加、物价上涨的重要因素。隋官制，对唐乃至对中国后期皇朝影响甚巨。在影响京师长安粮食供应问题上，有两点值得注意：第一，隋废除九品中正制，举行科举考试，读书人要到京师参加科举考试。第二，隋官员任命考核权归吏部，所有官员都要到京师等待铨选。这两种人聚集到京师，影响了京师的粮食供应和物价平稳。当时官员曾论及于此。开元三年（715）张九龄上疏说，"每岁选者动以万计，京师米物为之空虚"。开元十七年（729年）国子祭酒杨悦说，"每年应举常有千数，及第两监不过一二十人。恐三千学徒，虚费官廪；两监博士，滥縻天禄"。玄宗开元后期，洋州刺史赵匡上奏论科举弊端，第九条曰："官司运江淮之储，计五费其四，乃达京邑，刍薪之贵，又十倍四方。

而举选之人,每年攒会,计其人畜,盖将数万,无成而归,徒令关中烦耗,其弊九也。"这些人消耗了长安来之不易的江淮漕运米。

德宗时,礼部员外郎沈既济上奏论科举弊端,提出"当今天下凋敝之本实为士人太多"的观点,他说:"自隋罢外选,招天下之人,聚于京师。春还秋往,鸟聚云合,穷关中地力之产,奉四方游食之资,是以筋力尽于漕运,薪粒方于桂玉。""当今天下凋敝之本,实为士人太多。何者?凡士人之家,皆不耕而食,不织而衣,使下奉其上不足故也。大率一家有养百口者,有养十口者,多少通计,一家不减二十人,万家约有二十万口。"他主张,如果一万人在当地参加科举考试,则"我减浮食之口二十万,彼加浮食之人二十万;则我弊益减,而彼人益困"。减少浮食人口,可以稳定京师物价。

洋州是天宝之乱后江淮漕运自汉水达洋州以输于扶风的必经之地,洋州刺史赵匡,亲历督漕艰难;礼部官员职掌贡举之政令,礼部员外郎沈既济亲见京师贡举人数之多,亲历职事之繁。因此他们关于唐德宗时代京师物价昂贵、漕粮运输艰难、粮食消费过多的认识，反映了实际情况。

杜佑又探究了官制和科举弊端产生的根由，乃是唐代州郡县数量增多，选官途径增多，选官权悉归吏部。秦代列郡40，两汉郡国百余，唐朝则有350郡。郡县增加，必然增加官员数量。"秦法，农与战始得入官。汉有孝悌、力田、贤良、方正之科；岁郡国率二十万口贡止一人，约计当时天下推荐，天下才过百数……开元、天宝之中，一岁贡举，凡有数千。而门资、武功、艺术、胥吏，名目众多……比于汉代，且增数十百倍。安得不重设吏职。"自隋文帝开始，"内外一命，悉归吏部……执政参吏部之职，吏部总州郡之权"，到京师参加铨选官员的数量必然增加。杜佑建议"俾士寡而农工商众，始可以省吏员，始可以安黎庶"。

5. 京师佛道人口增多。唐长安佛寺众多，韦述在开元年间统计，长安有佛寺64所，尼寺27所，共计91所。徐松《唐两京城坊考》记载，长安有佛寺81所，尼寺28所，共计109所。长安附近及秦岭山上还有许多佛寺，估计天宝时长安及其附近地区的佛寺至少在130～150所。如果按照每寺200人计，则长安及其地区的僧尼26000～30000人。长安城内共有道观30所，如果按照每所道观50人计，则有道士女冠5000人左右。寺院道观占有大量土地及其地租收入。寺院道观占地，会减少关中纳粮地亩。杜佑指出关中粮食消费增多，是由于"仕宦之途猥多，道释之教渐起，浮华浸盛，末业日滋"等社会因素。

总之，盛唐时，长安人口约70万，其中依赖国家供给粮食的人口约32万，包括皇室及服务人员15万、京官和京吏37727，禁军和附近驻军12万，到京师参加选官和科举者最高1万等4种人口。如按每人年需18石计，长安依赖国家供给的30余万人口，需粮食580万石左右。

三、关中水利田和劳动人口投入的不足

关中郑白渠两岸农田，一年是否能提供580万石左右的粮食？土地，作为自然环境要素，指土壤、水系、动植物和气候等；作为生产要素，指耕地。关中生产投入不足，使其不能生产更多粮食。生产投入不足，指水利田面积的减少和劳动力人口的不足；人口减少，指关中向国家纳粮的农业劳动力（课户课口）的减少。

西汉贵族的甲第与食邑

在劳动人口素质、生产工具和技术水平不变时，耕地数量和劳动力数量投入的增加，是生产发展的关键因素。耕地和纳粮户口，才是统一皇朝发展的地理和物质基础。与消费人口的增加相反，关中土地生产能力不足，民田不足、水田减少，农业劳动力分散。

1. 耕地总量变动不多，但是关中为国家纳粮的土地面积减少。当秦孝公（公元前361年～前338年）用商鞅变法时，关中地多人少，三晋人多地少，关中是吸引三晋的宽乡。宽乡指土地充足农户受田多，狭乡指土地不足农户受田少。到北朝和隋唐时，1000年间，关中人地关系发生了根本性变化，由地广人稀，变成地少人众；由"宽乡"变成"狭乡"。为什么关中水利田面积会减少？大致有两方面因素：

（1）王侯之家（食封之家）数量增加，使水利田面积和农户减少。分封，就是允许王侯之家直接占有大量耕地及其民户，自收租税。这必然减少国家的纳粮户和租税收入。汉初王侯百余人，王侯占地大者或五六郡，连城数十。王侯土地多在东南，朝廷只有三河、东郡、颍川、南阳，自江陵以西至蜀北，自云中至陇西与内史，共15郡。因此，汉初每年从关东漕运以供给京师不过数十万石,原因是京师官员数量少、朝廷领有郡县少。汉武帝削弱诸侯王,名山陂海尽归朝廷,汉郡八九十;诸侯国大者不过十余城,小者不过数十里。汉武帝、宣帝时每年漕运东南400万～600万石粮食到京师。"武宣以后,诸侯王削弱,方尽输天下之粟。汉之东南漕运,至此始详。"

唐封爵九等,虽无其土,加实封者受国家租庸。自武德至天宝,实封者百余家。封家食邑,遍据天下膏腴美地。到中宗景龙(707～710年)时,"恩幸食邑者众,封户凡五十四州,皆据天下上腴,一封分食数州,随土所宜,牟取利入。至安乐、太平公主,率取高赀多丁家"。于是韦嗣立上书论封户之费:"食封之家,其数甚众。昨问户部云用六十余万丁,一丁绢两匹,凡百二十余万匹。臣顷在太府,每岁庸绢不过百万,少则六七十万匹,比之封家,所入殊少。……国初,功臣食封者,不过三二十家。今以恩泽食封者,乃逾百数。国家租赋,大半私门。私门有余,徒益奢侈,公家不足,坐致忧危。"

自至德二年(757年)至大历三年(768年),食实封者215家,则大历时比唐初150年间增加了七八倍。

凡食44860户。自至德元年至大历三年，封异姓为王者，凡112人。十来年，封家增加了2倍多。封家增加，向封家交纳租粮的农户增加，而国家的纳粮户减少，赋税收入减少。

因此，监察御史宋务光建议，禁止封家自征租税，一切附租庸输送。韦嗣立建议纳粮户交纳租庸后，"封家诣左藏仰给，禁止自征，以息重困"。直到开元时才规定："凡诸王及公主以下所食封邑，皆以课户充，州县与国官、邑官共执文帐，准其户数，收其租调，均为三分，其一入官，其二入国。公所食邑，则全给焉。二十年五月敕：诸食邑实封，并以三丁为限，不须一分入官。其物仍令封随庸调送入京。"封邑遍及全国，但关中封邑数量，无疑会占很多，直接占有了国家的租庸调收入。

（2）隋唐京官的职分田、公廨田、赐田，多在京城百里内外，减少了关中纳粮土地和农户，从而使关中的土地生产能力减弱和国家收入减少。隋朝开皇初，苏威认为，京师"户口滋多，民田不赡。欲减功臣之地，以给民"。但王谊说，"正恐朝臣功德不建，何患人田有不足"。功臣土地多，而民田不赡。关中及三河，民田不足尤甚。开皇十二年（592年）"时天下户口岁增，京辅及三河地少而人众，衣食不给。议者咸欲徙就宽乡。其年冬，帝命诸州考使议之，又令尚书以其事策问四方贡士，竟无长算。帝乃发使四出，均天下之田，其狭乡，每丁才至二十亩，老小又少焉"。关中成为著名的狭乡，也是人口密度最大的地区之一。另外，佛道寺院占地甚多。狄仁杰说："膏腴美业，倍取其多，水碾庄园，数亦非少。"以及长安皇宫、王府、官邸、旅舍、民用和商业建设的增加。以上诸多因素，都使关中耕地减少。

2. 权势之家占有耕地，势必占有水利资源，关中郑白渠灌溉面积减少。唐朝重视水利事业，盛唐时关内道水利工程9项，次于河北道和河南道。关中水利工程，大半因汉魏之旧，但是工程数量、新辟水源和营建技术上都超过了前代。同州，自龙门引黄河溉田6000余顷。朝邑、河西，引洛水和黄河水灌田，水利工程向渭河南岸扩展。但是郑白渠的灌溉面积减少了。秦汉时郑白渠灌溉面积达4万余顷。唐朝权势之家多在泾河渠道两岸设置水磨牟利，使水量减少，灌溉面积减少。高宗永徽六年（655年），雍州长史长孙祥奏说:"往日郑白渠溉田四万余顷,今为富僧大贾竞造碾硙,止溉一万许顷。"在高宗、玄宗、代宗、宪宗时代,王公权要之家以水碾阻断水流妨碍民田的情况非常严重,京兆府的官员不止一次地依法撤去私碾,但是不久就恢复如旧。"至大历(766~779年)中,水田才得六千二百余顷。"自大历到宝历(826年)60年间,上游泾阳县权势之家阻断水流,影响了下游高陵县灌溉。要之,围绕郑白渠水利所进行的水磨和灌溉之争,实际是豪强争夺国家的利益,郑白渠的灌溉能力大大缩减了。

3. 劳动力投入不足,关中社会总人口中,从事农业劳动的人口不足。唐朝京师各种消费性人口增长,而为国家纳税的农业生产力人口减少了,中唐以后情况尤甚。不少官员都指出,佛道人数增多,减少劳动力人口,从而减少了国家税收。狄仁杰说:"逃丁避罪,并集法门。无名之僧,凡有几万。"李峤说:"道人私度者几数十万人,其中高户多丁……且国计军防,并仰丁口,今丁口皆出家,兵悉入道,征行租赋,何以补之?"姚崇说:"自神龙以来,公主及外戚皆奏请度人……富户强丁皆经营避役。"杨炎说:"凡富人多丁者，率为官为僧，以色役免，贫人无所入则丁存，故课免于上而赋增于下，是以天下残瘁，荡为浮人，乡居地著者百不四五，如是者殆三十年。"佛道寺院占有土地、荫附避役农民，而为国家纳税的劳动人口大大减少了。

德宗时，礼部员外郎沈既济指出，近代以来，入仕之门太多，贵胄之家太优，禄利之资太厚。入仕者多，则农工益少；农工益少，则物不足，物不足则国贫。九品之家，不纳赋税，子弟又得荫补恩奖，坐食百姓。得仕者如升仙，不仕者如沉泉。欢娱忧苦，若天地之相远，禄利之资太厚。尽管缺少数量统计，但为国家纳粮农业劳动力减少，而仰食于太仓者增多，确是唐人比较普遍的看法。

汉唐时关中粮食生产不足以供应长安。隋文帝开皇十四年（594年）关中大旱，隋文帝率百官、百姓到洛阳"就食"。唐高宗、武则天和唐玄宗等，时常到东都洛阳"就食"。武则天前后居洛阳30年210天。关中粮食不足，洛阳漕运便利，当是原因之一。

唐高宗末年陈子昂上奏："臣闻秦都咸阳之时，汉都长安之日，山河为固，天下服矣。然犹北取胡宛之利,南资巴蜀之饶,自渭入河,转关东之粟;逾沙绝漠,致山西之储。然后能削平天下,弹压诸侯……今则不然,燕代迫匈奴之侵,巴陇婴吐蕃之患,西蜀疲老,千里赢粮。北国丁男,十五乘塞,岁月奔命,其弊不堪。秦之首尾,今为阙矣。即所余者,独三辅之间尔。顷遭荒谨,人被荐饥。自河已西,莫非赤地;循陇已北,罕逢青草,莫不父兄转徙,妻子流离,委家丧业,膏原润莽,此朝廷之所备知也。至于……流人未返,田野尚芜,白骨纵横,阡陌无主。至于蓄积,尤可哀伤……遂欲长驱大驾,按节秦京,千乘万骑,何方取给?"他反对从东都运送唐高宗灵柩回长安,其理由是三辅遭遇旱灾,长安无法供应朝廷百官的基本生活需求。开元二十一年裴耀卿上奏:"国家帝业本在京师……但为秦中地狭,收粟不多。倘遇水旱,便即匮乏。"关中地狭、粮食不足,成为朝廷最大的忧虑。

德宗贞元十七年(801年),杜佑《通典》指出,秦以关中而灭六国,而唐以天下财赋供京师而国势不强,原因在于关中水田和农业劳动力不足:"秦川是天下之上腴,关中为海内之雄地。""按周制,步百为亩,亩百给一夫。商鞅佐秦,以一夫力余,地利不尽,于是改制二百四十步为亩,百亩给一夫矣。又以秦地旷而人寡,晋地狭而人稠,诱三晋人发秦地利,优其田宅,复及子孙。而使秦人应敌于外,非农与战,不得入官。大率百人则五十人为农,五十人习战。兵强国富,职此之由。其后仕宦之途猥多,道释之教渐起,浮华浸盛,末业日滋。今大率百人,方十人为农,十人习战,其余皆务他业。以古准今,损益可知。又秦开郑渠,溉田四万顷。汉开白渠,复溉田四千五百余顷。关中沃衍,实在于斯。盛唐永徽中,两渠所溉唯万许顷。洎大历初,又减至六千二百余顷。比于汉代,减三万八九千顷。每亩所减石余,即仅较四五百万石矣。地利损耗既如此,人力分散又如彼,欲求富强,其可得乎!……诚能复两渠之饶,究浮食之弊,恤农夫,诱其归,趣抚战士,励其勋伐,酌晁错之策,择险要之地,缮完城垒,用我所长,渐开屯田,更蓄财力,将冀收复河陇,岂唯自守而已哉!"杜佑从农业劳动人数和水利角度,来评论秦汉关中的富裕和唐中期关中的衰败。秦汉,关中农业劳动力占全部人口的1/2,农田灌面积近5万顷;而唐朝,关中农业人口才1/10,而灌溉面积不足万顷。如能恢复关中农业发展,就仍可建都关中。但杜佑也意识到关中经济地位的下降。

稍后，韩愈《原道》说："古之为民者四，今之为民者六。古之教者处其一，今之教者处其三。农之家一，而食粟之家六。工之家一，而用器家六。贾之家一，而资焉之家六：奈之何民不穷且盗也！"古代农、工、贾都是生产者，只有士人才是消费者；唐代从事生产的仍是农、工、贾，消费者则包括士、僧、道，即"农之家一而食粟之家六"。生产者少而消耗者众是财富贫乏、人民流离失所的根本原因。韩愈的说法，反映了人们对粮食生产与消费比例失衡问题的普遍忧虑。

开元、天宝之时天下赋税收入，尚能满足长安所需的580万石粮食。天宝中，度支岁计粟2500余万石，其中1000万石入两京库、京仓，充尚食、京官粮料，500万石留当为外官禄米，1000万石供诸道节度使军粮及贮当州仓。德宗时"每岁天下共敛……税米麦共千六百余万石，其二百余万石供京师，千四百万石给充外费"。200余万石供京师，比开元天宝时减少1000万石。需求依旧，而赋税收入减少，六宫尚不能及时供应，京官禄米俸料不能全给。自至德后不给京官禄米。"自大历以来，关中匮竭，时物腾贵，内官不给。乃减外官职田三分之一，以给京官俸。每岁通计，文武正员、员外官及内侍省、闲厩、五坊、南北衙、宿卫并教坊内人家粮等，凡给米七十万石。"京官禄米大大减少了。德宗兴元元年（784年）十二月诏，"京百官及畿内官料俸，准元数支给。自幸奉天后，运路阻绝，百官俸料，或至阙绝，至是全给。"昭宗乾宁初，有官员建议"取中外九品以上官两月俸，助军兴"，遭到朱朴的反对而作罢。

长安太仓所需的580万石粮食中，关中能生产多少粮食？关中能交纳多少粮食？史书关于郑白渠灌溉效益的记载是有问题。唐大历初，郑白渠灌溉6200余顷，以亩产4石计，则仅收248万余石；旱田3000余顷，以亩产1~2石计，收30万~60余万石。水旱田合计收获300余万石。唐前期课户课口交纳租米，建中以后按丁产户等交纳两税。关中农户能交入京仓的税粮，最多200万石。开元二十二年后裴耀卿为转运使，三年运700万石。二十五年，年成丰收，朝廷在关中收购数百万石余粮，下诏停止当年关东漕粮运输。天宝中每年漕运250万石，而德宗时"令江淮岁运米20万石"。要之，关中每年能提供200多万石，需要漕运关东二三百万或四百万石，才能满足汉唐京师长安的粮食需要。而这个数量正是汉武帝以后、唐德宗贞元以后，一般年份的漕运额。因此，从严格意义上说，郑白渠并没有"衣食京师亿万之口"。

四、自然变化的因素

以上分析了汉唐京师长安粮食供应并不完全依赖关中，而东南漕运亦占半数以上的各种社会因素。这个问题，与自然因素有无关系？朱士光先生根据陕西省气象局与气象台的统计，认为自公元前2世纪至20世纪前半叶，关中水旱有增多趋势，并且与气候变化相关。春秋、战国、秦与西汉前期（公元前770～前122年），关中气候温暖、湿润，年平均气温高于现代1℃～2℃，平均降水量多于现在。西汉后期至北朝（公元前121～581年），关中气候寒冷干旱。隋和唐前中期6～9（581～805年）世纪初，关中气候温暖湿润，年平均温度高于现代1℃左右，年降水量高于现代。唐代后期即德宗贞元年间至北宋（贞元年间）之后的9～11世纪，气候凉干。可以看出，长安的粮食供应与关中气候变化方面存在着一定的正相关性,即西汉前期和唐前中期,关中比较温暖湿润。这些时期,长安的粮食供应主要依赖关中。汉武帝以后,及唐德宗贞元以后,关中气候以冷干为特征。长安的粮食供应,则主要来自东南漕运。这个变化,除了前述的各种社会因素外,温度和降水的变化是造成关中粮食生产能力不足、依赖东南漕运的自然条件因素。温度的降低,降水的减少,主要通过影响作物的生长期和土地的生产能力,来影响人类社会。而自然因素和社会因素,各占多少比例,则难以确定。

综上,可以得出如下结论:班固引用民歌"衣食京师,亿万之口"作为信而有征的史料,来证明郑白渠是京师衣食之源,并不十分确切。汉唐长安粮食供应,关中只能提供200万石左右,要依赖东南漕运三四百万石。而造成关中生产能力不足的社会因素和自然因素有多种:(1)长安纯消费人口的增加,如皇室及服务人员、京官京吏、京师驻军、参加选官和科举考试人员、商业和佛道等多种人口的增加。(2)关中农业生产力的不足,如为国家纳粮的耕地减少、关中水利田面积减少(如食封之家的增加、京官职分田公廨田赐田多在京城百里内外、佛道寺院的占有土地，以及建设占地的增加等）、关中为国家纳粮的农户减少等。（3）自然因素，则是公元前2~6世纪（汉武帝以后至北周），9~11世纪（唐德宗贞元至北宋前期），关中气候向冷干转变。所以，民歌中所说郑白渠"衣食京师亿万之口"的说法并不确切。

参考资料

一、历史文献

[1]《史记》,中华书局2014年点校本。

[2] 刘向著,石光瑛校释,陈新整理:《新序校释》,北京:中华书局2009年出版。

[3] 刘向著,王叔岷笺:《列仙传校笺》,北京:中华书局2007年版。

[4]《汉官旧仪》,清武英殿聚珍版丛书本。

[5]《汉书》,中华书局1962年点校本。

[6]《汉纪》,中华书局2002年点校本。

[7]《后汉书》,中华书局1965年点校本。

[8] 郦道元注、陈桥驿校正:《水经注校正》,中华书局2007年版。

[9] 刘勰著,黄叔琳注,李详补注,杨明照校注拾遗:

《增订文心雕龙校注》,中华书局 2012 年版。
[10]《隋书》,中华书局 1973 年点校本。
[11]《晋书》,中华书局 1974 年点校本。
[12]《通典》,中华书局 1988 年点校本。
[13]《元和郡县图志》,中华书局 1983 年点校本。
[14] 刘禹锡著,卞孝萱校订:《刘禹锡集》,中华书局 1990 年版。
[15] 白居易著,顾学颉校点:《白居易集》,中华书局 1979 年版。
[16]《旧唐书》,中华书局 1975 年点校本。
[17]《文苑英华》,中华书局 1966 年版。
[18] 王溥:《唐会要》,上海古籍出版社 2006 年版。
[19]《新唐书》,中华书局 1975 年点校本。
[20]《资治通鉴》,中华书局 2011 年点校本。
[21] 吕祖谦:《历代制度详说》,续金华丛书本。
[22] 吕祖谦:《大事记》,文渊阁四库全书本。
[23] 徐天麟:《西汉会要》,上海人民出版社 1976 年版。
[24] 陈傅良:《止斋文集》,四部丛刊景明弘治本。
[25] 林駉:《源流至论》,文渊阁四库全书本。

［26］《文献通考》，中华书局 2011 年点校本。

［27］朱礼:《汉唐事笺》，清嘉庆宛委别藏本。

［28］梅鼎祚:《西汉文纪》，文渊阁四库全书。

［29］顾炎武:《肇宇志》，上海古籍出版社 2012 年版。

［30］顾炎武著，黄汝成集释:《日知录集释》，岳麓书社 1994 年出版。

［31］牛运震撰、崔凡芝校释:《空山堂史记评注》，中华书局 2012 年版。

［32］陆锡熊:《宝奎堂集》，嘉庆十五年松江刻本。

［33］梁玉绳:《史记志疑》，中华书局 1985 年版。

［34］孔继汾:《阙里文献考》，清乾隆刻本。

［35］全祖望:《汉书地理志稽疑》，嘉庆九年朱文翰刻本。

［36］钱大昕:《廿二史考异》，上海古籍出版社 2014 年版。

［37］周震荣修、章学诚纂:《永清县志》，乾隆刻本。

［38］《全唐文》，中华书局 1983 年版。

［39］吴卓信:《汉书地理志补注》，清道光刻本。

［40］钱大昭:《汉书辨疑》，铜熨斗斋丛书本。

［41］周寿昌:《汉书注校补》，光绪十年周氏思益堂

刻本。

二、近人今人著作

[1] 白寿彝总主编,高敏、安作璋主编:《中国通史·秦汉史卷》(上下册),上海人民出版社1994年版。

[2] 谭其骧主编:《中国历史地图集》,中华地图学社1975年版。

[3] 史念海主编:《西安历史地图集》,西安地图出版社1996年版。

[4] 柳春藩:《秦汉封国食邑赐爵制》,辽宁人民出版社1984年版。

[5] 葛剑雄:《西汉人口地理》,商务印书馆2014年版。

[6] 周振鹤:《西汉政区地理》,商务印书馆2017年版。

[7] 马孟龙:《西汉侯国地理》,上海古籍出版社2013年版。

[8] 王国维:《王国维全集》第三卷,浙江教育出版社、广东教育出版社2009年版。

[9] 安作璋、张汉东:《山东通史·秦汉卷》,人民出版社2009年版。

[10] 王克奇、王钧林:《山东通史·先秦卷》,人民

出版社 2009 年版。

[11] 于省吾:《甲骨文字释林》,中华书局 2009 年版。

[12] 张传玺:《秦汉问题研究(增订本)》北京大学出版社 1995 年版。

[13] 武汉水利电力学院:《中国水利史稿》上册,水利水电出版社 1985 年版。

[14] 史念海:《中国的运河》,陕西人民出版社 1988 年版。

[15] 郭克煜:《鲁国史》,人民出版社 1994 年版。

[16] 侯甬坚:《区域历史地理的空间发展过程》,陕西人民教育出版社 1995 年版。

[17] 黄惠贤、陈锋主编:《中国俸禄制度史》,武汉大学出版社 1996 年版。

[18] 连云港市博物馆、东海县博物馆等:《尹湾汉墓简牍·尹湾六号墓出土木牍》,中华书局 1997 年版。

[19] 朱士光:《黄土高原地区环境变迁及综合治理》,黄河水利出版社 1999 年版。

[20] 钱穆:《史记地名考》,商务印书馆 2001 年版。

[21] 薛平拴:《陕西历史人口地理》,人民出版社

2001年版。

[22] 刘庆柱、李毓芳:《汉长安城》,文物出版社2003年版。

[23] 钱穆:《秦汉史》,三联书店2004年版。

[24] 孟祥才、王克奇:《齐鲁文化通史·秦汉卷》,中华书局2004年版。

[25] 汉墓竹简整理小组:《张家山汉墓竹简(二四七号墓)(释文修订版)》,文物出版社2006年版。

[26] 徐建春:《浙江通史先秦卷》,浙江人民出版社2006年版。

[27] 赵冈、陈钟毅:《中国经济史》,新星出版社2006年版。

[28] 刘凤鸣:《山东半岛与东方海上丝绸之路》,人民出版社2007年版。

[29] 彭浩、陈伟、元藤工男主编:《二年律令与奏谳书——张家山二四七号汉墓出土法律文献释读》,上海古籍出版社2007年版。

[30] 王双怀:《历史地理论稿》,吉林文史出版社2008年版。

[31] 杨建:《西汉初期津关制度研究》,上海古籍出

版社 2010 年版。

［32］ 沙雪斌:《奚仲文化研究》,山东友谊出版社 2010 年版。

［33］ 安作璋《秦汉史研究文集》,人民出版社 2015 年版。

［34］ 李均明:《耕耘录——简牍研究丛稿》,人民美术出版社 2015 年版。

［35］ 王子今:《秦汉交通史新识》,中国社会科学出版社 2015 年版。

［36］ 赵兰香、朱奎泽:《汉代河西屯戍吏卒衣食住行研究》,第 3 编,中国社会科学出版社 2016 年版。

［37］ 刘德增:《秦汉衣食住行》,中华书局 2015 年版。

三、近人今人论文

［1］ 山东临沂文物组:《山东临沂刘疵墓出土金缕玉罩等》,《考古》,1980 年,第 2 期。

［2］ 临沂地区文物组:《山东临沂西汉刘疵墓》,《考古》,1980 年第 6 期。

［3］《中国历代人均耕地面积》,《农业经济》,1982 年第 1 期。

[4] 杨宽:《西汉长城布局结构的探讨》,《文博》(创刊号),1984年3月1日。

[5] 王朝中:《唐代安史乱后漕粮运量骤降原因试探》,《中国社会经济史研究》1984年第3期。

[6] 王永太:《西汉建都关中与粮食供应》,《浙江学刊》1986年第6期。

[7] 王永太:《隋唐都城的粮食供应》,《浙江学刊》1987年第5期。

[8] 王朝中:《唐朝漕粮定量分析——兼论粮食问题同唐中央政权盛衰的关系》,《中国史研究》1988年第3期。

[9] 杨宽:《西汉长安布局结构的再探讨》,《考古》,1989年第2期。

[10] 王景东:《夏河城》,《胶南文史资料》(第2辑),1990年。

[11] 蓝勇:《从天地生综合角度看中华文明东移南迁的原因》,《学术研究》1995年第6期。

[12] 刘庆柱:《汉长安城北宫的勘探及其南面砖瓦窑的发掘》,《考古》,1996年第10期。

[13] 刘庆柱:《汉长安城的考古发现及相关问题研

究》,《考古》,1996年第10期。

[14] 余蔚《浅谈唐中叶关中地区粮食供需状况——兼论关中衰弱之原因》,《中国农史》1999年第1期。

[15] 王社教:《论唐都长安的人口数量》,史念海主编《汉唐长安与关中平原》,《中日历史地理合作研究论文集》第2辑,《中国历史地理论丛》1999年增刊。

[16] 宋杰:《西汉长安的丞相府》,《中国史研究》,2001年第4期。

[17] 王子今、范培松:《张家山汉简〈秩律〉四公主说》,《陕西历史博物馆馆刊》第9辑,2002年。

[18] 周骋:《汉孝惠皇后身份辨》,《中国典籍与文化》,2003年第3期。

[19] 高敏:《张家山汉墓竹简〈二年律令〉中诸律的制作年代问题试探》,《史学月刊》,2003年第9期。

[20] 李力:《〈二年律令〉题名之再研究》,卜宪群、杨振红:《简帛研究》,广西师范大学出版社2004年版。

[21] 臧知非:《张家山汉简所见汉初马政及相关问题》,《史林》,2004年第6期。

[22] 黄锦前:《张家山汉简〈二年律令〉之〈置吏律〉、〈户律〉、〈效律〉、〈傅律〉、〈置后律〉、〈爵律〉校释》,导师:陈伟,武汉大学2005年硕士学位论文。

[23] 晏昌贵:《〈二年律令·秩律〉与汉初政区地理》,《历史地理》,2006年第1期。

[24] 王子今:《西汉长安居民的生存空间》,《人文杂志》,2007年第2期。

[25] 赵晓峰等:《汉代画像砖石图样中显现的建筑文化特征探析》,《营造》,第4辑,2007年6月。

[26] 徐宏件:《论唐都长安的粮食供应》,陕西师范大学2007年硕士学位论文。

[27] 刘金华:《汉代物价考》(二),《文博》,2008年第2期。

[28] 张忠炜:《二年律令年代问题研究》,《历史研究》,2008年第3期。

[29] 王双怀:《中国历史上的"天府之国"》,《陕西师范大学学报》2008年第4期。《新华文摘》

2008年第22期转载。

[30] 赵建勇:《唐关中农业与长安城粮食供应研究》,西北农林科技大学2008年硕士学位论文。

[31] 荣新江:《高楼对紫陌,甲第连青山——唐长安城的甲第及其象征意义》,《中华文史论丛》,2009年第4期(总第九十六期)。

[32] 辛德勇:《勾践徙都琅邪事析义》,《文史》2010年1月。

[33] 范国强:《张敖入汉初十八元功之臣考论》,《贵州社会科学》,2010年第8期。

[34] 《山东临沂出土汉代早期金缕玉衣墓主或奚涓之母》,《齐鲁晚报》,2010年5月1日。

[35] 侯旭东:《从朝宿之舍到商铺——汉代郡国邸与六朝邸店考》,《清华大学学报》,2011年第5期。

[36] 徐畅:《西汉长安城未央宫北阙的地理位置及政治功用》《四川文物》,2012年第4期。

[37] 马孟龙:《张家山二四七号汉墓〈二年律令·秩律〉抄写年代问题》,《江汉学刊》,2013年第2期。

[38] 王丽娜:《汉代邸舍制度研究》,东北师范大学

2014年硕士学位论文。

[39] 杨菲:《两汉女性食封制度研究》,兰州大学2015年硕士学位论文。

[40] 温乐平:《西汉海昏侯国的租税收入蠡测》,《中国人民大学学报》,2016年第6期。

[41] 宋杰:《西汉长安的丞相府》,《中国史研究》2001年第4期。

[42] 孙家洲:《从内黄三杨庄聚落遗址聚看汉代农村民居形式的多样性》,《中国人民大学学报》2011年第1期。

[43] 白庆韬:《河南内黄三杨庄汉代民居建筑复原研究——以第二处庭院遗址为例》,郑州大学2015年硕士学位论文。

[44] 陈弘、陈天声:《汉代民居建筑研究》,《文物建筑》2014年6月30日。

[45] 陈天声:《汉代民居建筑考(上)》,《杭州文博》2009年8月30日。

[46] 陈天声:《汉代民居建筑考(续)》,《杭州文博》2011年1月30日。

[47] 朱林:《汉代民居复原研究——以汉长安城遗址

公园民居改造方案为例》，陕西师范大学 2014 年硕士学位论文。

后 记

　　1994年，我开始在北京师范大学历史系，给本科生讲《史记》研读，至今20多年了。关于《史记》《汉书》的研究，关于西汉历史的研究，我很少触及。主要原因是，古今学者对《史记》《汉书》及西汉史研究，做了大量的研究、考证工作，取得了丰富成果，几乎没有留下进一步研究的空间。我对前人、今人的研究成果，特别是那些优秀的研究成果，抱有敬畏之心，唯有认真学习、领会。

　　本书收录了关于西汉贵族的甲第和食邑的4篇论文。《汉唐长安的粮食供应与关中天地人关系》一文，是2008年为参加陕西师大关中五千年环境演变与人类活动关系的学术讨论会而作，受到与会学者的关注。应当说，其基本思想，差不多形成于20年前，后来有所发展。导师瞿林东教授，在指导我写作博士学位论文《元明北京建都与粮食供应》时，要我在论述问题之前，都要回顾过往，讲清楚元明以前的情况。这对我的研究工作，至今仍有指导意义。这次整理出版，是瞿林东教授确定书名。我非常感谢。

最近二三年，在讲《史记》《汉书》课程之余，写出三篇论文，即《西汉长安的甲第》《鲁元公主食邑考》《西汉奚涓鲁侯国与张偃鲁王国的变迁》。其中，《西汉长安的甲第》，是与北京师范大学二附中戴国庆先生合作，现在，征得他的同意，收入这本小集。此次整理出版，《西汉长安的甲第》一文，补足学术史部分，补入一些基本史实。作者深感图、表的重要，因此，补充了4张表，3幅示意图，其中2幅示意图，跟地图绘制者复旦大学历史地理中心陈伟庆同志联系过，引自周振鹤先生《西汉政区地理》；一幅奚涓鲁侯国－鲁母侯刘疵、张偃鲁王国、鲁元公主食邑汤沐邑示意图，是地理学部陶乐同志帮忙绘制的。

这些论文，都曾在一些著名刊物上发表，得到几位主编、编辑的厚爱。《汉唐长安的粮食供应与关中天地人关系的消长》和《西汉长安的甲第》二文，全文字数很多，论文发表后，受到学术界的关注，比如，《新华文摘》编辑尹选波先生予以重点摘要。我谨向他们表示诚挚的谢意！为了方便有兴趣的同志阅读，《新华文摘》的两篇重点摘要，作为附录收入本书。

在整理出版中，研究生马云、乌力宇，本科生张俊毅、王泽、薛铭博同学，刘玉峰同志，地理学部陶乐同志，或提出宝贵意见，或做了技术性工作，都贡献了力量，特此致谢！

对于文字或地图出现的问题，都由我负责，也希望读者批评指正！谢谢！